Nero

Jacob Abbott

尼禄

嗜血暴君与罗马帝国内乱

全景插图版

[美]雅各布·阿伯特 著

王伟芳 译

图书在版编目（CIP）数据

尼禄 / (美) 雅各布·阿伯特著；王伟芳译. -- 北京：华文出版社, 2017.6

（美国国家图书馆珍藏名传）

ISBN 978-7-5075-4677-4

Ⅰ.①尼… Ⅱ.①雅… ②王… Ⅲ.①尼禄(Nero Claudius Caesar Augustus Germanicus 37-68)—传记 Ⅳ.①K835.467=2

中国版本图书馆CIP数据核字(2017)第112892号

尼禄

作　　者：	[美] 雅各布·阿伯特
译　　者：	王伟芳
选题策划：	華盛章世
插图供应：	029—89257605
责任编辑：	王思惠
出版发行：	华文出版社
社　　址：	北京市西城区广外大街305号8区2号楼
邮政编码：	100055
网　　址：	http://www.hwcbs.com.cn
电　　话：	总编室010—58336239　发行部010—58336212
	责任编辑010—58336209
经　　销：	新华书店
印　　刷：	北京画中画印刷有限公司
开　　本：	880×1230　1/32
印　　张：	7.75
字　　数：	142千字
版　　次：	2017年6月第1版
印　　次：	2017年6月第1次印刷
标准书号：	ISBN 978-7-5075-4677-4
定　　价：	39.00元

版权所有　侵权必究

出版说明

《美国国家图书馆珍藏名传》共22册，作者是美国著名历史学家、教育家雅各布·阿伯特。他以独特的视角研究公元前7世纪到公元18世纪2500年的世界史，最后写出了这套影响深远的人物传记。读者能通过阅读这些风云人物，更好地理解那段历史、那段时光，这是我们出版这套书的最大良善。为更好地使读者全面了解该丛书，现作如下说明：

一、关于版本。据不完全统计，这套丛书的英文版多达上百个。其中，以哈伯兄弟出版公司于1904年出版的版本最具代表性和权威性。本丛书正是根据该版翻译而成，以保证版本的质量。

二、关于插图。这些人物距现代已经很久远了。读者可能会问：他们长什么样子？穿什么衣服？仗是如何打的？外交是如何谈的……为了让读者更形象地了解当时的历史，我们精心为各书选配了约百幅插图。这些插图包括但不限于油画和版画。我们希望，通过品味插图的艺术之美，读者获得一种不是穿越胜似穿越的强烈体验，从而更好地对当时的风土人情有更直观的体察。

三、关于注释。为了确保内容的正确性、权威性，版权方进行了大量的考证工作。考证的结果以注释的形式体现。另外，内文中很多涉及地图的地方，我们尽量尊重作者尊重历史保存原貌，如有出入，请读者认真分辨。

四、关于译者。本丛书由多所大学的一线英语老师及教授翻译而成。各位老师治学严谨，文笔优美，为确保丛书的质量奉献良多。在此，深表敬意。

尽管出版前我们做了许多工作，但不足之处实难避免，欢迎读者朋友多提宝贵意见。

2017 年 6 月 1 日

译者序

《美国国家图书馆珍藏名传》是一套畅销于美国,深受美国几代人喜爱,了解世界著名帝王将帅人生大故事的丛书。这套书自在美国出版以来,以适读、耐读而享有盛名,也是由美国国家图书馆全套珍藏的传记读物。

《尼禄》是丛书的一种,以罗马帝国第一个少年皇帝短暂的一生为主线,生动地再现了罗马帝国早期的历史。他是一个懵懂少年,却背负着帝国的命运,染进了血淋淋的宫斗。面对残酷的现实,尼禄蜕变成了"嗜血皇帝"。他草菅人命,视杀人如儿戏。他派人杀死自己的生母,赐死自己的老师。然而,人们总是会无限放大一个历史人物身上的恶,却很少去深究恶从何来。尼禄3岁那年,他的生父——一个恶贯满盈,臭名昭著的家伙——死了;他的生母遭到流放。如果他的母亲没有被召回，如果她的母亲没有嫁给新皇帝，如果他的母亲没有权欲熏心，尼禄也许会成为一位流芳百世的伟大艺术家。遗憾的是，这些"如果"都只是我们的美好愿望而已。

在翻译的过程中，我怀着对经典的崇拜之情，悉心查阅了大量资料，谨小慎微，唯愿将这部作品尽善尽美地呈现于读者面前，然而疏漏与有待商榷之处在所难免，望读者朋友批评指正，不胜感激！

王伟芳

于西北师范大学

原 序

在写这本书所属的这套人物传记时,作者的目标是通过参阅古代流传至今的故事,就这几卷书中几位主要人物的生平和作为,给本国的读者提供一个精确而可靠的记述。本套丛书的作者采取一切办法、不遗余力地搜集原始资料,并严格要求自己忠实于这些资料。因此,这些作品中的任何一册,读者都可放心大胆地细细品鉴。读者诸君若对它感兴趣,绝对不是因为作者的虚构。所有的小事件,无论它们多么琐碎,都没有在原本的记述中添油加醋;在任何情况下,说话者讲的每一句话,都经过了权威的认定。因此,不管这些故事会引起多大的兴趣,全都是因为书中描述的事实本身以及作者通过平实、简单、连贯的叙述把它们糅合到了一起。

目　录

第一章　｜　尼禄的母亲 ························ 001

　　罗马的乡村豪宅——安提厄姆——安提厄姆海角的位置——对尼禄家庭出身的说明——布瑞赞贝尔德——尼禄的父亲——尼禄的母亲阿格里皮娜——阿格里皮娜的兄弟卡利古拉——罗马的君主们——罗马军队的规章制度——对罗马军队的描述——军团的营地——罗马军团的驻扎——罗马军队的积极作用——产生的影响——产生影响的方式——古代的记述——权力机构——军事力量的增强——服从于已经确立的政权是人类的天性——早期君主们非凡的能力——罗马军队——卡利古拉的性格——他恶毒至极——他残忍的例证——用人喂野兽——烙印——阿格里皮娜牵连到一场阴谋中——她和她的姐妹被流放到庞提亚岛

第二章 | 暗杀卡利古拉 ……………………………… 017

  针对卡利古拉的阴谋——卡西乌斯·彻瑞尔——彻瑞尔的英勇行为——他的军团哗变——彻瑞尔从叛军手中逃脱——他的外貌——他公正的交易使皇帝感到不悦——卡利古拉给彻瑞尔的口令——对普罗佩迪乌斯的控告——昆提莉娅的证词——彻瑞尔的惊慌——昆提莉娅的秘密信号——昆提莉娅受刑——皇帝一无所获——彻瑞尔的怒火——他决心杀掉卡利古拉——开始密谋——同谋者们各抒己见——提出各种刺杀卡利古拉的计划——最后的决定——三天的节日——简短的对话——休息——彻瑞尔的职责——计划似乎会失败——彻瑞尔的埋伏——米努西阿努斯——谋反者们巧妙的安排——亚洲的少男少女们——彻瑞尔将卡利古拉打翻在地——暴君的终结——皇宫里一片欢腾——谋反者们野蛮的狂欢——凯瑟妮娅和她的孩子——她们被谋杀——假定的斩草除根的必要性

第三章 | 克劳迪乌斯继位 ……………………………… 035

  谋反者们最终的计划——卡利古拉的死讯产生的影响——彻瑞尔和同谋者们潜逃——元老院集会——两大阵营形成——对克劳迪乌斯的描述——他的愚笨一目了然——人见人厌——戏弄他的方式——他在皇宫里的地位和状况——克劳迪乌斯的妻子们——他的儿子吃梨被噎死——克劳迪乌斯胆战心惊——他的藏身地——他被一名士兵发现——克劳迪乌斯被宣布为皇帝——感到惊讶——被带到军营并被宣告为皇帝——阿格里皮娜被召回——梅萨利纳——梅萨利纳的奸情——她对西拉努斯的憎恨——计划杀掉西拉努斯——纳西苏斯假装的梦境——梅萨利纳对此梦的证实——克劳迪乌斯大惊失色——西拉努斯被处决——梅萨利纳威震四方——卡伊乌斯·西利乌斯——梅萨利纳对他的依恋——西利乌斯犹豫不决——他的决定——克劳迪乌斯——奥斯提亚的公共建设工程——方尖碑——大船——梅萨利纳继续作恶——西利乌斯醉心于攀龙附凤

第四章 | 梅萨利纳的命运 ······ 051

西利乌斯阴谋篡权——他向梅萨利纳提出自己的计划——梅萨利纳的回答——她的动机——她的提议——梅萨利纳在这一提议中的厚颜无耻——庆祝不正当的婚姻——皇帝的朋友们义愤填膺——密谋杀掉梅萨利纳——同谋者们的计划和安排——他们的犹豫——凯尔波妮娅——讲给她的理由——凯尔波妮娅和科里奥帕特拉承担任务——梅萨利纳在皇家花园里的庆典——凯尔波妮娅与克劳迪乌斯在奥斯提亚见面——克劳迪乌斯胆战心惊——纳西苏斯的陈述——召开协商会议——克劳迪乌斯和同谋者们采取的措施——梅萨利纳受到警告——花园里的情景——西利乌斯撤走——梅萨利纳的焦虑——她的行动——她的子女——她前去面见皇帝——她的乞求——克劳迪乌斯充耳不闻——维碧迪娅遭受驳斥——行刑——克劳迪乌斯享受晚餐——梅萨利纳的信——克劳迪乌斯心软了——纳西苏斯惊慌不安——纳西苏斯派人杀害梅萨利纳——梅萨利纳与母亲在花园里见面——克劳迪乌斯对梅萨利纳的命运漠不关心——克劳迪乌斯娶阿格里皮娜为妻——克劳迪乌斯收养阿格里皮娜的儿子

第五章 | 尼禄的童年 ······ 071

尼禄的早期历史——他父亲的性格——布瑞赞贝尔德残忍的性情——疏于管教的尼禄——尼禄再次出现在宫里——布瑞塔尼库斯——百年赛事——庆祝方式——尼禄和布瑞塔尼库斯——尼禄受到赞赏——蛇的故事——梅萨利纳死后尼禄的地位得到提高——阿格里皮娜对待布瑞塔尼库斯——尼禄得到托加长袍——布瑞塔尼库斯被隔离——阿格里皮娜对待两个男孩——布瑞塔尼库斯冒犯了尼禄——阿格里皮娜非常愤怒——富森湖——计划排干湖水——运河——运河开放时的大型庆祝活动——湖上发生的海战——海战的

结果——湖水并未流出——加深运河——新的庆祝活动——阿格里皮娜对待奥克塔维娅的计划——西拉努斯悲惨的结局——尼禄的婚姻

| 第六章 | 皇帝尼禄 ················· 085

克劳迪乌斯抱恙——阿格里皮娜欢欣——她的阴谋——尼禄得到了很高的评价——阿格里皮娜认为自己有危险——她担心的理由——克劳迪乌斯和布瑞塔尼库斯——阿格里皮娜计划加速丈夫的死亡——露卡丝达——阿格里皮娜决定向她咨询——露卡丝达的毒药被用在克劳迪乌斯身上——毒药无效——新的计划——羽毛——医生下毒——克劳迪乌斯驾崩——阿格里皮娜隐瞒丈夫的死亡——她的措施——她的伪装——她宣布尼禄为皇帝的计划——赛内加和布鲁斯——赛内加的履历——对布鲁斯的记述——他的军衔——禁卫军团——阿格里皮娜的计划——尼禄被立为皇帝——他给军队的许诺——他被尊为皇帝——普遍默认他的帝位——阿格里皮娜让儿子当皇帝的真正意图——庄严的葬礼——尼禄的演讲——颂辞——元老院被召集——尼禄的就职演讲——他深得人心的承诺——元老院非常满意——阿格里皮娜获得实权——大臣们的不满——一件小事——在会客大厅接待阿格里皮娜

| 第七章 | 布瑞塔尼库斯之死 ················· 103

尼禄和阿克提——阿格里皮娜义愤填膺——奥索和西奈西乌——尼禄的大臣们不知所措——他们决定默认尼禄的新宠——阿格里皮娜恼羞成怒——她猛烈抨击——她再次平静下来——阿格里皮娜改变了策略——尼禄拒绝了母亲的好意——他对母亲的态度——他送给母亲珠宝作为礼物——阿格里皮娜怒不可遏——尼禄决心压制他的母亲——他的计划——

帕勒斯被免职——帕勒斯的离去——阿格里皮娜愤怒的指责——她的威胁——她宣称会让尼禄下台——这些威胁潜在的意义——"谁该当王？"的游戏——尼禄给布瑞塔尼库斯下达的命令——布瑞塔尼库斯唱的歌谣——尼禄决心毒死布瑞塔尼库斯——波利乌和露卡丝达——第一次计划失败——再次尝试——再次准备——下毒的方式——布瑞塔尼库斯死亡——阿格里皮娜黯然神伤——毒药产生的效果——补救方法——布瑞塔尼库斯的葬礼——暴风雨——尼禄的公告

第八章　阿格里皮娜的命运 ……………………… 121

阿格里皮娜的境况——她的精神状态——尼禄对他母亲的看法——阿格里皮娜的计划和采取的措施——尼禄把他母亲贬成了庶民——阿格里皮娜发现自己被人遗忘，无依无靠——阴谋被发现——派瑞斯的陈述——尼禄惊慌失色——召开委员会——布鲁斯为阿格里皮娜辩护——阿格里皮娜对这一控告的愤怒的回答——专员们回到尼禄身边——尼禄被说服相信母亲的清白——尼禄的日常生活——街上的斗殴事件——阿格里皮娜过着隐居生活——波培娅——她对尼禄的影响——她的讥讽，奚落和羞辱——这些讥讽对尼禄思想的影响——尼禄开始盼着他母亲去死——米塞努姆的海军大型庆祝活动——阿尼塞图斯——阿尼塞图斯的建议——尼禄对这一建议非常满意——实施这一计划的安排——阿格里皮娜前往巴伊亚——准备毁灭阿格里皮娜——尼禄和母亲亲热地告别——阿格里皮娜和仆人登上了驳船——尝试的结果——阿格里皮娜和阿瑟洛妮娅落入海中——阿格里皮娜死里逃生——她带给尼禄的口信——尼禄听说母亲逃生的消息感到惊慌失措——咨询赛内加和布鲁斯——阿尼塞图斯领命完成他的事业——他前往阿格里皮娜的别墅——对话——阿格里皮娜被谋杀——尼禄悔恨自责，惊惧不安——他慢慢平静下来——尸体——火葬阿格里皮娜

第九章 | 极度腐化与堕落 ·················· 147

尼禄杀害阿格瑞佩娜的暴行——他给元老院送的信——元老院的行动——尼禄与奥克塔维娅离婚——娶波培娅为妻——奥克塔维娅被从罗马流放——阿尼塞图斯——奥克塔维娅多舛的命运——对她的指控——她被处死——极度堕落——尼禄从悔恨中恢复过来——他的各种罪行——不问政务——尼禄在舞台上的表演——音乐训练——尼禄的成功——他训练的鼓掌者——剧院里的规章制度——赛跑和比赛——获胜者通常都是尼禄——他的个人行为和性格——午夜的斗殴——骚乱和放肆——尼禄的盛大宴会——人工湖——尼禄耗费的巨额款项——他的宠儿——他到奥斯提亚游玩——罗马大火——尼禄被指控为纵火犯——他的可能的动机——他前来观望这场大火——他通过歌唱来庆祝这一时刻

第十章 | 皮索的阴谋 ·················· 161

皮索的阴谋的起源和本质——拉丁诗人卢坎——他和尼禄的矛盾——拉特拉努斯——他的名望——拉特朗的圣约翰大教堂——费尼乌斯•鲁福斯——一位神秘女人——密谋者们的计划和安排——福拉维乌斯的大胆提议——皇宫纵火——艾佩凯瑞丝感到不耐烦——她去了舰队——她在米塞努姆跟普罗卡鲁斯的谈话——普罗卡鲁斯向尼禄告密——尼禄感到迷惑不解——艾佩凯瑞丝被监禁——新的计划——皮索的反对——理由——一致通过最后的安排——尼禄将在剧院被杀——分派任务——塞维努斯——塞维努斯激动不安——他的小刀——他让密利楚斯为他磨刀——密利楚斯与妻子协商——他们的怀疑——密利楚斯的揭发——塞维努斯的辩解——他否认了原告的指控——尼禄满腹狐疑——最终真相大白——塞维努斯和纳塔利斯彻底坦白

| 第十一章 | 同谋者们的结局 | 177 |

艾佩凯瑞丝否认自己知道这场阴谋——捉拿与处决——普遍恐慌——皮索之死——同谋者们心灰意冷——艾佩凯瑞丝受刑——她的死亡——同谋者们在尼禄面前受审——福拉维乌斯——鲁福斯在花园里的行为——他被控告——他乞求饶命——他被处决——福拉维乌斯被控告——他的绝地反击——行刑者的恐惧——赛内加——他的性格和在公众心目中的地位——不利于赛内加的证据——他回罗马的行程——赛内加被捕——他的辩解——那名军官的报告——尼禄决定赛内加必死——赛内加之死——鲍丽娜伤心绝望——她们救了鲍丽娜的性命——执政官维斯提努斯——派大军前去逮捕维斯提努斯——维斯提努斯被捕——他不同寻常的命运——尼禄感到很高兴——维斯提努斯晚宴上的客人们——全城上下一片欢腾——尼禄犒赏军队——专制政府的本质——权力的秘诀——对皮索的阴谋的怀疑

| 第十二章 | 希腊之旅 | 193 |

尼禄比以往更加堕落、无耻——他出现在公共舞台上——对演员们的评价——元老院的行动——剧院里的激动情绪——皇帝有失尊严的行为——授予尼禄的奖励和荣誉——奥林匹克运动会——平原——规则——奥林匹克运动会初步的安排——奥林匹克运动会上的各种比赛和表演——尼禄出发去希腊——他的随行人员——他在希腊的行程——观众云集——尼禄赢得雷鸣般的掌声——橄榄枝花冠——仪式——献祭和节庆——尼禄在奥林匹亚——他的战车比赛——尼禄获奖——他向罗马频繁传递捷报——他计划打通科林斯地峡——破土动工——黄金鹤嘴锄——贺利乌斯恳请尼禄回罗马——尼禄回国——他的队伍——他的奖品——他的航程——危险的海难——回罗马的旅程——他凯旋进城——他的行动——他继续歌唱训练——弗耐思库斯——公

开表演——财政吃紧——毕苏斯的故事——尼禄派人去非洲寻宝——他的失望——黄粱美梦

第十三章　尼禄之死 ·················· 213

加尔巴——他的历史——他的行省——温代克斯反叛——派去见加尔巴的大使们——理事会的讨论——加尔巴加入温代克斯的反叛阵营——尼禄在那不勒斯听到叛乱的消息——温代克斯的公告——尼禄的愤怒——他计划新的表演——新的乐器——加尔巴加入反叛者的队伍——尼禄胆战心惊——他的复仇计划——他被制止——他试图招募军队——奴隶们——尼禄绝望的境况——从埃及运来的沙子——他的逃亡计划——他心烦意乱,惊惧不安——他提议逃往埃及——他陷入绝望——那个晚上——他被卫兵们抛弃——他召唤角斗士——法恩提出了一个藏身之处——尼禄从罗马逃亡——小事件——尼禄拒绝被活埋——他钻过了院墙——他被藏了起来——法恩建议尼禄自杀——尼禄受到元老院的谴责——匕首——士兵们来法恩家里逮捕尼禄——他们试图救他——暴君死亡——加尔巴向罗马进军——七十三

附　录　专有名词英汉对照 ·················· 229

尼禄的母亲

精彩看点

罗马的乡村豪宅——安提厄姆——安提厄姆海角的位置——对尼禄家庭出身的说明——布瑞赞贝尔德——尼禄的父亲——尼禄的母亲阿格里皮娜——阿格里皮娜的兄弟卡利古拉——罗马的君主们——罗马军队的规章制度——对罗马军队的描述——军团的营地——罗马军团的驻扎——罗马军队的积极作用——产生的影响——产生影响的方式——古代的记述——权力机构——军事力量的增强——服从于已经确立的政权是人类的天性——早期君主们非凡的能力——罗马军队——卡利古拉的性格——他恶毒至极——他残忍的例证——用人喂野兽——烙印——阿格里皮娜牵连到一场阴谋中——她和她的姐妹被流放到庞提亚岛

第一章 尼禄的母亲

在古代,当罗马帝国进入鼎盛时期,那些名门望族,除了在城里有住宅,和现在大城市里的有钱人一样,通常还拥有乡村别墅。他们在这里消暑度夏。这些别墅建在离罗马城不远又风景优美的地方,有的在内地,有的在海滨。在罗马城周边,像这样的度假胜地不胜枚举,其中就包括安提厄姆。

安提厄姆位于台伯河以南大约三十英里的海边,一块巨大的海角伸向海中,站在斜坡上极目远眺,旖旎的风光尽收眼底。从安提厄姆海角沿海岸线一直往北,可以望到台伯河河口,而南边,景色止于与台伯河河口距离相差无几的瑟西海角,它是罗马以南的意大利海岸上的第二大海角,也叫"岬角"。从安提厄姆向内陆眺望,展现在眼前的是广袤而美丽的大平原,与它接壤的是一直延伸到海岸边的、树木葱茏的小山丘,远处是连绵起伏、莽莽苍苍的山脉。

尼禄

在海角的南边,形成了一个小小的港湾。自古以来,邻近大海的船只习惯了将货物运到这里,或在这里躲避暴风雨。事实上,论及历史悠久,安提厄姆或许比罗马还古老。

安提厄姆风景优美,有利于健康,成了罗马人消夏的好去处。随着时间的推移,当罗马城变得更加富有,罗马人的生活也变得更为奢靡。贵族们就在安提厄姆修建别墅,有时把地点选在海角上能够俯瞰大海的平坦的空地上;有时选在陆地上;有时选在山谷中凉爽而偏僻的隐蔽处。尼禄就出生在一座这样的别墅里。

在罗马贵族中,尼禄父亲的家族属于名门世家,尽管他们的姓氏——布瑞赞贝尔德听起来有点儿古怪。说得具体一点儿,就是"阿赫诺巴尔伯斯",这是"布瑞赞贝尔德"在拉丁文中对应的词。现在,当我们用英语谈到尼禄的父亲,是应该用他真实的拉丁名字,还是翻译过来的英语对应词,也就是说,是该叫他"阿赫诺巴尔伯斯",还是"布瑞赞贝尔德",真的很难决定。前者似乎和罗马辉煌的历史更为和谐一致,而后者,尽管不那么优美,但或许能让我们更加清楚地了解它在罗马社会中表达的含义和重要性。当然,尽管这一家族通过赋予它一个神奇的起源而让它变得更加威严,但这一姓氏本身并不动听。传说古时候,有一位先知出现在该家族的一位祖先面前。在预告未来某一时间将会发生特定的不同寻常的事件之后,先知用手捋了捋这位祖先的胡须,并把它变成了青铜色,以此

第一章 尼禄的母亲

证明这条预言百分之百的可信度。这位祖先也因此得到了"布瑞赞贝尔德"（意为"青铜色的胡须"）这个姓氏，从那以后，他的子孙后代一直沿用。

尽管在尼禄出生的时候，布瑞赞贝尔德家族和其他显赫的罗马家族一样，极尽奢靡浪费，腐化堕落，但它依然是一个名门望族。尤其是尼禄的父亲，是个恶贯满盈的男人，被控犯了非常严重的罪行，后来他一直过着不断忏悔、担惊受怕的生活。据说，当信使去向他道喜，说他的孩子，也就是本书的主人公尼禄，已经降生时，他竟然大发脾气、惊叹不已，还轻蔑地说不管他和阿格里皮娜生出个什么玩意儿来，都只会给罗马带来毁灭。他的妻子阿格里皮娜，也就是尼禄的母亲，跟丈夫一样作恶多端。

阿格里皮娜在罗马的社会地位甚至比她的丈夫还要高。她是皇帝的妹妹，这位皇帝，也就是她的哥哥，名叫卡利古拉，他是古罗马的第三任君主。尤利乌斯·恺撒的继任者奥古斯都·恺撒，是古罗马的第一任君主。然而，"君主"这个词，

图为阿格里皮娜的雕像，现藏于波兰国家博物馆。

尼禄

那时的意义和现在有着天壤之别。现在，它指的是至高无上的统治者，正式地行使整个国家和政府的大权；而在古罗马时期，它只包括军事指挥权。"imperator"一词，即"古罗马皇帝"，意为指挥官，仅仅是指罗马帝国军队的主帅。

在罗马早期，人们采取非常严格的规章制度以及任何可能的预防措施，来保证军队绝对服从行政长官和法律。除了像禁卫军这样的小队伍，其他军队都是不允许接近罗马城的。得胜回朝的大将军，必须先在离城门还有一段距离的地方安营扎寨，在那里等待罗马元老院的命令。理论上来讲，政权掌握在元老院手中。虽然古代的元老院与现

图为意大利玛西摩宫里的一幅十九世纪的壁画——《元老院的激辩》。

在的参议院在英语中共用一词,但两者的意义却完全不同。参议院是由一群被正式任命的立法委员组成的责权明确、组织严密的政府机构;而元老院的成员则是一群数量众多的世袭贵族,他们的权力既来自于古老的惯例,也来自于劳苦大众对地位稳固的,尤其是代代相传的贵族阶层那种说不清道不明的敬畏和仰慕。元老院会定期集会,有时候集会比较正式有序,而有时候则比较喧闹混乱。然而,无论是依例行使,还是有违常规,他们的权力都是至高无上的。他们颁布法令,制定法律,分派行省官吏,议和宣战。军队以及指挥官是被他们利用的工具,对他们惟命是从。

罗马军队兵多将广,当没有真正意义上的作战任务时,他们驻扎在固定的军营里,这些军营被修建在帝国中任何被认为有必要驻军的地区。这些庞大的军队就是著名的罗马军团,它们之所以闻名于世,是因为严明的纪律、有序的组织、迅速的反应以及将士们一往无前的勇气和不屈不挠的精神。事实上,每一个军团构成了一个独立自主的社区,它的营地就是它的城市,它的将军就是它的君主。当然,在战时军团因作战任务的要求而转战南北;但在和平时期,它会按照严格的程序驻扎在宽广而固定的营地里。营地的设计整齐划一,周围用城墙和堑壕加以保护。在营地内部,帐篷整齐排列;在帐篷和帐篷之间,有宽阔的街道;在营地的中心位置,在一个开阔的广场前,是军团的最高指挥官和其他将领们那装饰的富丽堂皇的大帐。这些大帐,就像城市中的大厦一样，高于其他帐篷。罗马军团的营地，事实上就是一个地域宽广，人口众多的城市，只不过它的住宅是帐篷，而不是坚固耐用的石头房子和木头房子。

就这样，罗马军团在元老院认为全国适合驻军的各地安营扎寨。有的在叙利亚和东方；有的在意大利；有的在莱茵河岸边……正是通过如此部署的庞大的军队，罗马人才将整个欧洲纳入自己的版图。军队绝对服从指挥官的命令，因为他们从指挥官那里得到充足的食品和衣物，通常过着衣食无忧、舒适安逸的生活。基于此，他们愿意服从命令，转战南北，奋勇杀敌。在战时，在被攻克的地方指挥官通过征收贡品、洗劫城市为他们谋求衣食。总的来说，这些军队很愿意维持占领区的社会秩序，维护法律的尊严，因为没有法律和秩序，人们的生产就不能继续。他们当然很清楚，如果一个国家停止了生产，贡品自然很快也就交不出来了。

通过阅读历史，事实上我们发现，尽管对于古代军队打了胜仗的描述，充满了暴力、掠夺和犯罪的可怕细节，但我们不能就此推断，这些大军给当地带来的影响完全都是有害的。在罗马时期，对于分散在欧洲和亚洲的广大地区的各色族群，只有通过非常强硬的手段，才能使其遵守一定的社会秩序。罗马元老院建立的军团驻扎在罗马帝国广袤的国土上，这股强大的军事力量恰恰成了这样的手段。然而在大多数时间里，军团所起的作用都是静态的。也就

第一章 尼禄的母亲

是说，只要它威风凛凛地出现，人们心中就会充满敬畏，它所管辖的国家和部落就能相安无事。人们都会感到很安全，因为罗马军队就在附近，因而也就达到了震慑的目的。驻守在此的军团，像漂浮在地平线上的一团乌云，但当地人心知肚明，这团看似无声无息、安静闲适的乌云，却潜藏着随时都可能在他们头顶炸响的惊雷。因此，在平常的行动中，军团的影响是积极的。但是当它的行动过于残忍暴烈时，偶尔也会引发骚乱。

然而不幸的是，后世的人们为了颂扬现行的体制，对于罗马军团给当地带来的好处闭口不谈，却把它的暴力和罪行当作素材编成有趣而刺激的故事。它带来的好处或许贯穿了一段很长的安定时期；它带来的危害虽然短暂，却伴随着一系列急剧发生的事件，因为这些数不胜数的小事件带来的危害也各不相同。因此，史学家习惯了对它的好处轻描淡写、一笔带过，而不遗余力、浓墨重彩地对他的危害加以详尽的描述。因此，尽管古代雄霸天下的军事统帅们暴虐严酷，但本质上他们并没有历史的基调所描述的那样暴虐严酷。他们镇压骚乱和暴力行为而产生的普遍的积极影响，至少从某种程度上来讲补偿了他们犯下的罪行。

几个世纪以来，罗马军团对元老院的当权者们特别惟命是从，但随着他们日渐强大，越来越意识到自己多么有力量。每一位凯旋且名扬四海的指挥官，都增强了军队在军政关系中的影响和重要性。尤利乌斯·恺撒大帝在与庞培和其他国内外对手漫长而可怕的战争中，极大地增强了军队的实力，巩固了军队的地位。每当他率领胜利之师回到罗马，都会让元老院惶恐不已。尤利乌斯·恺撒的继任者屋大维·恺撒，史上一般称为"奥古斯都"，完成了他的舅公，也就是尤利乌斯·恺撒刚刚起步的事业，即让军队掌管国家政权。尽管他名义上服从元老院，但实际上却拥有至高无上的权力。事实上，元老院依旧定期集会发挥它通常的功能；执政官和其他地方官员依然被选出并被授予象征着最高权力的证章；国家事务的管理形式和方法还在继续沿用，其中规定了军队必须绝对服从于政权。然而，政府真正的当权者却受到了威慑和压制，傲慢的罗马皇帝，即最高军事首脑，却对元老院发号施令、颐指气使。

指挥官要有旷世奇才，才能让军队有如此显赫的权势，但是，一旦登上高位，要维持它则不再需要任何能力或高尚的品质。事实上，阅读史书的人常常会发现，当某种形式的政权一旦确立，人们对其个别代表人物的蠢行的忍耐真令人吃惊。无论当权者是朝代更替的国王、世袭的贵族还是军事世家的将军，这都无关紧要，重要的是他要满腹经纶才能被任命，而一旦被任命，他们的蠢行和罪行似乎不足以耗尽人们对已经确立的政权的服从精神——这种服从精神是如此的普遍、如此的耐心、如此的持久，超越了利益和理智的界限，以至于看上去就像是造物主根植在人类灵魂深处的盲目的本能。它是人类作为群居动物天性中

图为恺撒的雕像。尤利乌斯·恺撒是罗马共和国末期杰出的军事统帅、政治家,并且以其卓越的才能成为罗马帝国的奠基者。

的一个必要的组成部分。事实上，没有这样的本能，那些地域广阔的社区也似乎不可能被建成并维持；没有这样的本能，即便人类能够生存下去，也绝对不可能充分发挥人类的才能。

理论上无论如何，实际上可以肯定的是，古罗马的军事力量之所以如此强大以至于凌驾于政府之上，都要归功于那些能力非凡的人们。马里乌斯和西拉、庞培和恺撒、安东尼和奥古斯都通过他们的行动，证明了他们所具有的远见卓识、旺盛的精力和伟大的灵魂。尽管人们可能会谴责他们的恶习和罪行，但也会由衷地钦佩他们的凌云壮志，欣赏他们宏伟壮丽的、周密详尽的、卓有成效的行动计划。整个已知的世界是他们博弈的战场，他们建立的、训练的并最终成功地受中央集权控制的军队，形成了有史以来最威武雄壮、气贯长虹的军事力量。它不仅声势浩大，而且持久稳定、自谋生路。一套全面复杂而又行之有效的体制被用来管理军队。这支军队纪律严明，组织健全。他们接受同样的训练。和平时期，他们安静地待在国内城市般的营地里；战时则行军、露营或打仗。这样的体制，只能由有着强大的人格魅力和精神力量的人逐渐建立并形成。体制一旦形成，军队不久就能自谋生路。不仅如此，它还能通过自己固有的能力，扶植最无能的人作为其名义上的统治者。

比如，尼禄出生时在位的君主、阿格里皮娜的哥哥卡

第一章 尼禄的母亲

利古拉,就是一个完全不适合行使任何最高权力的人。他就是在军队的扶持下,才得以坐上皇帝的宝座,只因为他是皇位继承人中最有名望的那一个,自然也是军队最愿意扶植为首领的人选,因此被严密地保护起来。然而,机遇将他抬举到如此高位,他的生活却充斥着不断的蠢行、恶习和犯罪。他通常住在罗马,在那里他花费由他支配的巨额财政收入,铺张浪费,肆意挥霍。在他统治初期,他的很多奢靡浪费的行为是为了让人民的生活过得更好,但过了一段时间,他的所作所为只是为了满足个人的私欲,最后,他表现出极其恶毒的心灵本质,恣意妄为地残害生灵。他后来似乎对整个人类充满了仇恨,无论什么时候,只要一有机会,他就会以戏弄和折磨别人为乐。

那时,人们习惯于在巨大的圆形露天剧场观看表演,

图为罗马露天剧场遗址。

当骄阳如火的时候会给顶上搭建篷布。有时候,当露天剧场挤满了观众,赤日炎炎,卡利古拉就会命人将篷布撤走,将大门关上防止人们出去,然后看到这么多的人挤在这么小的空间里,忍受烈日的暴晒,必然会表现出不适与痛苦,他便以此为消遣。他养了许多野兽,用来在圆形露天剧场里打斗,当很难为它们找到新鲜的牛羊肉时,他便命人将罪犯和战俘扔进兽穴来喂养野兽。冒犯了他的人,他会命人用烧红的烙铁在他们脸上烫上烙印,这样一来,他们不光当时会遭受残忍的折磨,日后也会面目全非,样子非常吓人,遭受精神上的痛苦。有时当贵族或身份尊贵的人的儿子惹恼了他,或者由于他本人反复无常、心狠手辣对他们怀恨在心时,就会命人将他们公开处决,并要求他们的父母到场观看。有一次,当处决过一个他怀恨在心的人之后,他要求受害者可怜的父亲来到皇宫与他共进晚餐。晚餐桌上,他一直轻松愉快,幽默诙谐地与这位客人交谈,故意无视这位父亲心中的悲痛,对其进行精神上的折磨。还有一次,他命令一位受人尊敬的元老到现场看自己的儿子遭受极刑。这位元老说,他会遵照皇帝的命令到达现场,但他谦恭地请求在行刑的那一瞬间闭上眼睛,以免自己看到儿子临死前的挣扎而伤心难过。皇帝立刻做出批复,宣判这位父亲死刑,理由是他竟敢提出如此胆大妄为的请求。

　　当然,尼禄的母亲阿格里皮娜与这样一位君主的亲属关系,虽然让她在罗马享有很高的社会地位,但却并不能

图为卡利古拉在指挥存放母亲的骨灰,厄斯塔什·勒絮尔绘于1647年。

给她带来丝毫快乐。事实上，伴君如伴虎，所有和卡利古拉有关联的人整日都提心吊胆，因为他荒唐而残忍的行为总是反复无常，让人捉摸不定，任何可能被他注意到的人都会有无休无止的危险。阿格里皮娜本人有一次就惹得她哥哥很不高兴，尽管她幸运地逃过了一劫。卡利古拉发现，也有可能是假装发现了一场反对他的阴谋，他控告阿格里皮娜和他的另外一位妹妹丽维拉参与了这场阴谋。卡利古拉派一名士兵去主犯家里，砍下了他的脑袋，然后将他的两个姐妹从罗马流放到庞提亚岛。当她们离开的时候，他警告她们小心着点儿，他给她们准备了刀剑和荒岛以备她们随时"享用"。

最终，卡利古拉被暗杀，他残酷的暴政也因此而突然结束了。阿格里皮娜则因为这件事，不仅被释放，而且地位比以前更加显赫。

第二章

暗杀卡利古拉

精彩看点

针对卡利古拉的阴谋——卡西乌斯·彻瑞尔——彻瑞尔的英勇行为——他的军团哗变——彻瑞尔从叛军手中逃脱——他的外貌——他公正的交易使皇帝感到不悦——卡利古拉给彻瑞尔的口令——对普罗佩迪乌斯的控告——昆提莉娅的证词——彻瑞尔的惊慌——昆提莉娅的秘密信号——昆提莉娅受刑——皇帝一无所获——彻瑞尔的怒火——他决心杀掉卡利古拉——开始密谋——同谋者们各抒己见——提出各种刺杀卡利古拉的计划——最后的决定——三天的节日——简短的对话——休息——彻瑞尔的职责——计划似乎会失败——彻瑞尔的埋伏——米努西阿努斯——谋反者们巧妙的安排——亚洲的少男少女们——彻瑞尔将卡利古拉打翻在地——暴君的终结——皇宫里一片欢腾——谋反者们野蛮的狂欢——凯瑟妮娅和她的孩子——她们被谋杀——假定的斩草除根的必要性

第二章 暗杀卡利古拉

卡利古拉皇帝的死亡过程如下：

他那荒唐而残忍的暴行，常常会唤醒遭受暴行的人们内心深处的仇恨以及报仇的渴望，但是他的权力不折不扣、至高无上，以至于人们敢怒而不敢言。然而，官逼民反，由卡利古拉的残暴激起的民怨的火苗，越是受到压制，就燃烧得越旺。人们不断地进行密谋、暗杀，来反对暴政。

在计划暗杀行动的人中，有一位名叫卡西乌斯·彻瑞尔的军官，尽管军衔不高，地位却很尊贵。他是一名上尉，或者按照当时的称呼，叫百夫长。虽然他的部队人数不多，但却隶属于禁卫军，那时的禁卫军，相当于皇帝的私人卫队，是一支很光荣的军队。正因为他在此卫队中任职，他的地位才如此尊贵，作为禁卫军的百夫长，他有很多机会与皇帝接触。他也非常勇敢，因此在军中备受尊敬。几年前在德国的一次英勇行为，让他赫赫有名。

那是在第一任皇帝奥古斯都去世的时候，一些德国军

图为屋大维的雕像。奥古斯都,也就是屋大维,公元前44年,恺撒遇刺的消息传遍整个罗马,年仅十八岁的屋大维,不顾家人的强烈反对,来到罗马展开了他生命中新的一页,被授予"奥古斯都"荣誉称号。

第二章 暗杀卡利古拉

团包括彻瑞尔服役的军团趁机哗变。他们列举了许多严重的压迫行为作为他们反叛的理由,要求对他们遭受的痛苦进行赔偿,并保证他们未来的安全。叛乱刚刚爆发,他们在狂怒中采取的重要措施之一就是抓住军营里所有的百夫长,并把他们打了个半死。士兵们按自己的编号逐一对百夫长们进行殴打,每个百夫长都吃了六十多下老拳,然后,鼻青脸肿、伤痕累累、奄奄一息地被丢到军营外面,有的被扔进了莱茵河里。就这样,他们殴打所有的百夫长报仇雪恨,然而有一名百夫长却逃脱了,他就是彻瑞尔。彻瑞尔不会让自己落入这些叛军手中,他拿起武器左冲右突、闪转腾挪,最终杀出了一条血路,逃离了军营。这一壮举让他名声大噪。

根据这一描述,有人可能会想,彻瑞尔在体型和力量方面一定比别人有更大的优势,因为似乎只有超乎寻常的体力和顽强无畏的勇气,才能让一个人孤身涉险、以一当十。然而,事实并非如此。彻瑞尔身材矮小,体型纤弱;态度谦和,平易近人;心地善良,温文尔雅。因此,他不仅因为勇气而备受尊敬与钦佩,还因为和善的性情而广受爱戴。

然而,拥有如此高洁的品质并不能让他在皇帝面前受宠。事实上,有一件事情恰恰说明,高尚只会给他带来厄运。有一段时期,卡利古拉让他卫队的百夫长们出去收税。通常在这种情况下,他们都会残酷暴虐地敲诈勒索,但彻瑞

尼禄

尔并没有这样做，他对老百姓心怀怜悯与同情，严格按照法律公平地收税。这样做的后果，必然是他收的钱比别人的少，这让皇帝心生不悦。然而，这件事并不足以让皇帝大发雷霆，所以他并没有重罚冒犯了他的彻瑞尔，而是试图通过各种方式对他进行无礼的侮辱，以此戏弄并折磨他，从而消解自己心中的不悦。

有时，在军营里或者其他军事驻地，指挥官每天傍晚要发出所谓的口令或暗号，通常由几个词或短语组成，用于军官们之间的联络，有时也会因为某种原因，要求所有的士兵夜里在营区范围内来回传递。所有的哨兵都有口令，因此无论何时任何人接近哨位都会被要求止步，并说出口令。如果这位陌生人口令正确，就意味着一切正常，他就可以继续前行，因为敌人和间谍是无从得知这个口令的。

现在，无论什么时候只要轮到彻瑞尔传递口令，皇帝就会给他一些滑稽可笑的或者粗鄙下流的词汇，这么做不仅让他纯洁的心灵受到玷污，当他用这些口令与其他将士进行联络的时候，也让他在下级军官和士兵面前丢丑。有时这些作为口令的词语完全说不出口，有时是某个声名狼藉、伤风败俗的女人的名字。但是，不管这些口令是什么，作为一名以服从命令为天职的军官，彻瑞尔被迫在所有队伍里传递它们。每次传口令，他都要默默地忍受粗鄙的士兵们的坏笑和嘲弄。

第二章 暗杀卡利古拉

每当卡利古拉要对别人施以可怕的刑罚,或者要做出任何残忍的行为,卡利古拉就会很高兴地让彻瑞尔来执行这些任务,因为他知道彻瑞尔对这种事情有多么深恶痛绝。有一回,一位受人尊敬、名叫普罗佩迪乌斯的元老,被他的一名政敌指控谋反。据那位原告所说,普罗佩迪乌斯之所以犯了谋反大罪,是因为他曾恶语中伤皇帝。普罗佩迪乌斯否认自己曾经咒骂过皇帝,原告提米迪乌斯要求传唤女演员昆提莉娅做人证,因此普罗佩迪乌斯被送上了审判席,昆提莉娅也被叫到法官面前作证。她说,提米迪乌斯说普罗佩迪乌斯骂过皇帝,这种事她从未听到过。提米迪乌斯随即就说昆提莉娅做假证,他坚称昆提莉娅听到普罗佩迪乌斯说过这种话,要求对她严刑逼供。皇帝答应了这一请求,命令彻瑞尔对这位女演员用刑。

当然,由于这类事常跟反对暴君的阴谋联系在一起,要想弄清有关的事实真相总是很难,因为所有相关人员自然会采取一切可能的预防措施来隐瞒他们所做的事情。然而在这个案子中,即便普罗佩迪乌斯没有中伤过皇帝,或许他也的确对皇帝心怀不满,或许昆提莉娅也多多少少知道他的一些秘密。甚至有可能,彻瑞尔在一些秘密计划中和他们也有关联,因为据说当他收到卡利古拉要其对昆提莉娅用刑的命令时,他非常不安,极其惊慌。如果他对昆提莉娅用了重刑,他担心这位不幸的受害者最后会因招架不住而供认不讳,这会给他最信赖的、有望推翻卡利古拉的人们带来毁灭；如果他试图救她，后果只可能是激起卡利古拉对他的怒火，自然也就保护不了她，更别说救她了。然而，当他焦虑紧张、犹疑不决地走向刑场去对人犯用刑的时候，昆提莉娅向他发出了一个秘密信号，暗示他不必担心，无论她受到什么样的刑罚，她都会忠于自己的使命，守口如瓶。这稍稍减轻了彻瑞尔的担忧。

图为公元 38 年发行的罗马货币。正面为皇帝卡利古拉，反面为卡利古拉的三个姐妹：阿格里皮娜、德鲁西拉和茱莉亚。据说卡利古拉与她们发生了不伦之恋。

这一保证虽然从某种程度上减轻了他的焦虑和担忧，但一想到如此柔弱的一个女子却要遭受如此残酷的刑罚，他的心灵还是遭受着极大的痛苦。然而，除了硬着头皮走向刑场他什么也不能做。到了那里之后，他发现可怜的昆提莉娅被绑在架子上，四肢被分别固定在刑具上，她的骨头断了，直到最后她都强忍痛苦一声不吭。然后，几

第二章 暗杀卡利古拉

乎晕死过去的、无助的昆提莉娅被抬到了卡利古拉的面前，这下他似乎满意了，命人将受了酷刑的、悲惨的受害者抬走，并宣布普罗佩迪乌斯无罪释放。

这件事过后，彻瑞尔便变得心神不宁、激动不安——对受害者的同情混合着对所有悲剧制造者的愤恨，让他的胸中燃起熊熊怒火。事实上这件事让他变得狂怒，以至于事情一结束，他就立刻决定采取措施置卡利古拉于死地。这一决定勇敢无畏而且孤注一掷。卡利古拉是世界上最强大的君主，而他——彻瑞尔，只是他的卫队中一个小小的百夫长，没有任何政治影响和能力，不管成功与否，他都没有任何办法保护自己免受这种尝试可能会带来的可怕的后果。

然而，他现在已经义无反顾，决心勇敢面对一切危险，以达到自己的目的。他立刻开始着手在军官中物色最有可能加入他的人选——他们必须勇敢、坚定、忠诚；必须是打心眼儿里反对卡利古拉统治的人，或者遭受过政府不公正对待的人。他从这些人里选出了几个，谨慎地将自己的计划告诉他们，结果所有的人都拍手赞同。的确，有的人拒绝积极地参与，但他们庄严地承诺不会出卖彻瑞尔，请他放心，并祝愿他成功。

同谋者的数量每天都在增加。然而，在他们的讨论会上，关于实施计划的过程，却有了不同的意见。有的赞同立刻行动，他们认为令人担忧的最大的危险就是拖延，由

图为一块刻有浮雕的宝石：卡利古拉和罗马的化身，现藏于维也纳博物馆。

第二章 暗杀卡利古拉

于谋反的范围不断扩大,最终有人得知内幕后可能会出卖他们;另一方面,其他人却支持小心缓慢地进行,他们最担心的是鲁莽轻率的行动,在计划还没有完善之前就试图行动,只会毁了他们的计划。

彻瑞尔支持前一种观点,他迫不及待地想要实施他的计划。他说他自己已经做好了随时行动的准备:他作为禁卫军的军官,有大量机会接近皇帝,他要利用这些机会杀掉这个魔头。他说,皇帝经常去朱庇特神殿供奉祭品,他能轻而易举地在那里杀掉他;或者,如果他们认为那个场合太过公开,他也可以在皇宫里寻找机会,在皇帝惯常举行的特定的宗教仪式上,这些场合彻瑞尔通常也在场;或者,他准备从一个塔楼上跳下,皇帝有时会去那里向下面的平民百姓们撒钱。彻瑞尔说,在这样的场合他很容易从身后接近皇帝,突然将他抛出护墙扔到下面的人行道上。然而,所有这些计划对于同谋者们来说把握不大风险却不小,因此,彻瑞尔的提议并没有被通过。

最后,距离卡利古拉离开罗马前往埃及亚历山大港的日子越来越近,同谋者们意识到:他们要么开始行动,要么完全放弃计划。在皇帝离开罗马之前,原定会有一场大型的庆祝活动。这场庆典包括游戏、运动、各种激动人心的表演,将持续三天。同谋者们商讨后决定,在这三天之内刺杀卡利古拉。

然而做出这一决定之后,在确定刺杀行动的具体时间时他们似乎普遍失去了信心，因此，三天的假日已过去了两天，却没有做出任何尝试。最后，在第三天清晨，彻瑞尔将主要的同谋者召集到一起，急切地敦促他们不要放过眼前的机会，如此拖延下去只会带来更大的风险。他自己似乎充满了勇气和决心，他的演说雄辩有力，他用自己坚定的意志鼓励了他们，他们一致同意继续行动。

那一天，皇帝异乎寻常地、早早地就来到了剧场，看上去精神抖擞、心情愉悦，对身边的人们也很随和，谈吐风趣幽默，态度平易近人。在特定的仪式举行完之后，由他宣布那一天的庆祝活动正式开始，他在亲信随从的簇拥下向台上走去，彻瑞尔和其他在那一天当值的军官们走在他身后不远处。

表演开始了，直到正午一切都如常进行。谋反者们对他们的计划严格保密，但是有一位谋反者，当他在一位尊贵的元老旁边坐下时，问他是否听说了什么新闻，这位元老说没有。"那我可以告诉你一些或许你还没有听说过的事，"他说道，"今天的表演中，有一场是关于暴君之死的。""嘘，"元老警告道，并引用了一句荷马史诗，意思是"小声点儿，别让希腊人偷听了去"。

在这样的娱乐消遣中，皇帝通常会在正午的时候休息一会儿，以便用点儿茶水点心，恢复精神。这时，就轮到彻瑞尔在皇帝身边服侍了。皇帝带着他从剧院回到与剧院相邻的一处公寓，他会在那里冲个澡，然后用些茶水点心。

第二章 暗杀卡利古拉

当彻瑞尔估摸皇帝该起身去公寓的时候,他想他应该先出去,等在皇帝去浴室的走廊里,当皇帝走过来的时候,他就可以拦截并刺杀他。然而,皇帝与他的宠臣和亲友交谈甚欢,以至于耽搁了去公寓的时间。最后他说,反正今天是庆典的最后一天,他就不去冲澡了而要留在剧院,并命人将茶水和点心送过来,文质彬彬地将它们分发给周围的官员们品尝。

与此同时,彻瑞尔手握宝剑耐心地等在走廊里,只等皇帝一出现就给他致命的一击。当然,跟在皇帝身后的谋反者们,此时却心急如焚,坐立不安。其中有一位名叫米努西阿努斯的人,决定出去通知彻瑞尔,告诉他卡利古拉的计划有变。他试图站起来,但卡利古拉把手放在他的长袍上说:"坐着别动,朋友,你待会儿和我一起走。"因此,米努西阿努斯又努力将不安与焦虑掩饰起来。过了片刻,当皇帝的注意力转移到别处的时候,他瞅准机会站起来,假装对表演不感兴趣,漫不经心地走出了剧院。

他发现彻瑞尔埋伏在走廊里,就立刻告诉他皇帝决定不出来了,彻瑞尔和米努西阿努斯都感到不知所措,跟着米努西阿努斯溜出剧院的其他一些同谋者也凑了过来,接下来,他们开了一个简短而热烈认真的讨论会。犹豫片刻之后,彻瑞尔宣布:他们现在必须冒险将计划进行到底。他表示自己已经做好了准备,如果他的同志们支持他,就回到剧院,当着皇帝亲友们的面把暴君刺杀在他的座位

图为卡利古拉像,绘于文艺复兴时期。

第二章 暗杀卡利古拉

上。米努西阿努斯和其他人一致同意这个计划,并决定立即执行。

然而,在具体的实施过程中,因为剧院发生的小事而出现了新情况,因而使计划受阻。因为当米努西阿努斯和其他几名同谋者与彻瑞尔在走廊里商量的时候,留在剧院里的同谋者们知道彻瑞尔还等着卡利古拉出去,就想办法试图劝卡利古拉离开,以便带他进入早已设置好的陷阱。因此,他们聚集到皇帝身边建议他像往常那样去冲个澡,丝毫没有表现出他们的行动一致或急切地盼望他离开,否则就会露出破绽。最后,他似乎听从了这些劝说,从座位上站了起来,接着,所有随行人员陪侍在侧,他走向通往皇宫的大门。谋反者们走在他前面,假装给他开路,实际上是设法把他们认为最有可能向皇帝伸出援手的人们轰开。彻瑞尔和其他几名同谋者的商讨会因为这群人的到来而中断。

当时与皇帝同行的人中,有他的皇叔克劳迪乌斯和其他一些尊贵的亲属,卡利古拉在这些亲友的陪伴下,沿着过道走过来,丝毫不曾想到等待着他的命运。但是,他并没有立刻走向浴室,而是转身走进了旁边的一条通往另一座公寓的走廊,那里聚集着一群少男少女,他们是刚刚从亚洲送来给他在舞台上表演歌舞的。皇帝兴致勃勃地看着这些小演员,似乎急切地想让他们立刻到剧院,好让他欣赏他们的表演。就在这时,彻瑞尔和其他同谋者走了过来,他们决定现在就动手。

彻瑞尔来到皇帝身边,像往常那样问他当晚的口令,皇帝随口说了一个他常选的词语侮辱他。然而这一次,彻瑞尔不再像往常那样逆来顺受,而是怒发冲冠,疾言厉色。说时迟,那时快,他拔出宝剑刺伤了卡利古拉的脖子。卡利古拉顺势倒在地上,整栋公寓里回响着他因为疼痛和恐惧而发出的哀号。其他同谋者冲进来,从四面八方攻击他。皇帝的亲信们——只要是支持他的人都能被称作他的亲信——树倒猢狲散。至于卡利古拉的皇叔克劳迪乌斯,我们不可能期待他会给予他的侄子任何帮助,因为他的智力如此低下,以至于人们通常认为他连常识都不具备。所有有望保护卡利古拉的人,要么逃离了现场,要么目瞪口呆地站在那里,任凭谋反者们尽情地报复悲惨的卡利古拉。

事实上,当暴君活着并手握大权的时候,成千上万的人愿意为他辩护并执行他的意志,不管他们心里有多么恨他。然而,当他死了或者当他必死无疑的时候,形势瞬间就会改变,众叛亲离,人人倒戈。剧院和皇宫内外的民众,一个时辰前在这位强大的君主面前还不寒而栗,似乎他们活着就是为了听从他的召唤和命令。看到他刚才还谈笑风生,转瞬之间就成了一具死尸,他们满心欢喜。谋反者们一旦确定计划成功,暴君毙命,就纵情狂欢。他们一下下地砍着、刺着地上的尸体,似乎这样做都难解他们心头之恨。在疯狂而野蛮的狂欢中,他们割下他身上的肉,扔进

第二章 暗杀卡利古拉

嘴里使劲咀嚼。最后,他们离开了尸体到城里去,那里现在自然已乱成了一锅粥。

卡利古拉的尸体直到深夜还被扔在那里,后来皇宫里的一些侍从来把它运走。据说,他们是被谋杀的卡利古拉的妻子,也就是皇后凯瑟妮娅派来的。凯瑟妮娅那时有一个尚在襁褓中的女婴,事发当时,她和女儿待在一座偏僻的公寓里。丈夫被杀的消息让她伤心害怕,心乱如麻。她紧紧地搂着自己的宝宝,寸步不离她的摇篮,同时安排人

图为卡利古拉的第四任,也是最后一位妻子——凯瑟妮娅皇后。

员将丈夫的尸体埋葬。她心想，或许她和孩子暂时不会有危险，因此她并没有打算逃跑。看来，她并不知道谋反者们被唤醒了多么可怕的狂怒，这种狂怒来自于她丈夫对他们长期的侮辱与迫害，现在需要拿她和孩子的生命来安抚。那天深夜，一名谋反者破门而入，将这位母亲刺死在椅子中，并举起摇篮中无辜的婴孩把她摔死在墙上。这种行为看似穷凶极恶，但导致它发生的暴行并不完全是荒唐恶毒的。刺杀卡利古拉的谋反者们，不光要对暴君个人实施报复，还要对可恨的暴君的家族赶尽杀绝。他们为自己杀害妇孺的行为辩解，说斩草除根是严酷的政治需要，这样就不会有后起的继承者重新建立政权，并再次实行他们业已中止的暴政。无辜而又无助的孩子成为这种假定的政治必要性的牺牲品，这样的例子在君主制的历史上比比皆是。

第三章

克劳迪乌斯继位

精彩看点

谋反者们最终的计划——卡利古拉的死讯产生的影响——彻瑞尔和同谋者们潜逃——元老院集会——两大阵营形成——对克劳迪乌斯的描述——他的愚笨一目了然——人见人厌——戏弄他的方式——他在皇宫里的地位和状况——克劳迪乌斯的妻子们——他的儿子吃梨被噎死——克劳迪乌斯胆战心惊——他的藏身地——他被一名士兵发现——克劳迪乌斯被宣布为皇帝——感到惊讶——被带到军营并被宣告为皇帝——阿格里皮娜被召回——梅萨利纳——梅萨利纳的奸情——她对西拉努斯的憎恨——计划杀掉西拉努斯——纳西苏斯假装的梦境——梅萨利纳对此梦的证实——克劳迪乌斯大惊失色——西拉努斯被处决——梅萨利纳威震四方——卡伊乌斯·西利乌斯——梅萨利纳对他的依恋——西利乌斯犹豫不决——他的决定——克劳迪乌斯——奥斯提亚的公共建设工程——方尖碑——大船——梅萨利纳继续作恶——西利乌斯醉心于攀龙附凤

第三章 克劳迪乌斯继位

在刺杀卡利古拉的过程中,联合行动的同谋者们除了反对暴君本人以消解他们心中的憎恨和愤怒,还有一个更为宏大的计划,那就是他们希望通过降低军队的地位来剥夺军队的专权,恢复罗马元老院以及其他市政当局以前一直行使的统治权,从而彻底改变政府受军队控制的局面。当然,卡利古拉的死亡只是这场伟大斗争的开端,而不是结局。整个国家立刻分化成了两大阵营,一方是元老院,一方是军队,一场持久而如火如荼的斗争就此拉开了序幕。究竟哪一方会获胜,很长时间内都没有定论。

事实上,卡利古拉刚刚被杀,他的死讯就传遍了皇宫和罗马城的大街小巷,立刻引起了一场规模巨大的骚乱,接着出现了纷争的预兆。一接到警报,一群一直服侍在皇帝身边的卫兵就冲上去保卫他,如果发现为时已晚,那就为他报仇。皇帝生前出手阔绰地赐予他们礼物,紧紧地把他们笼络在自己身边。这群士兵冲向皇宫,当他们发现皇帝已经被杀，便怒不可遏、见人便杀，确实杀了好几个人。皇帝被杀的消息传到剧院，在一排排的观众中传播。然而，起初人们并不相信这个故事。他们猜想这个传闻是皇帝自己想出来的狡猾的诡计，目的是要诱使他们对他的死亡表现出快乐和满意，以便让他有借口残忍地惩罚他们。然而，街上的吵闹和骚乱很快就使他们相信，一定是发生了什么不同寻常的事情。当他们了解到皇帝的死讯是千真万确的，几乎同时他们也吃惊地发现，怒气冲天的卫兵们在剧院门口咆哮，试图强行进入，对集会的人群实施报复，就好像观看表演的观众们是罪犯的帮凶似的。

与此同时，彻瑞尔和其他主要同谋逃到一个秘密的隐居地，在那里藏了起来。当他们发现他们复仇的目标——卡利古拉已经咽气，就心满意足地对毫无生命的尸体乱砍乱刺，之后悄悄来到附近一位朋友家里，安全地待了一段时间。卫兵们到处搜查他们，却一无所获。街上吵吵嚷嚷、乱作一团，谣言四起，人们更为激动不安。但是后来，帝国的最高治安官、执政官们成功地组建了一支军队，恢复了社会秩序。他们占领了集会的场所和朱庇特神殿，沿街派兵布哨；他们强迫皇帝的卫兵停止暴力，回到军营里去；他们派了一名传令官披麻戴孝走进剧院，正式向人们宣布发生的事情，并指示他们悄悄地回家。采取了这些预防措施之后，他们立即召集元老们开会，商讨发生的紧急事件，决定下一步应该怎么办。与此同时，皇帝的卫兵们从

第三章 克劳迪乌斯继位

罗马城的大街上回到了军营,加入了他们战友的行列。这样,两大阵营就此形成——军营中的军队和罗马城里的元老院——他们相互忌恨。冲突迫在眉睫,双方都暗下决心,决不屈服。

在突然发生的暴力政变期间,政务应该怎样处理、谁应该上台、谁又应该下台……似乎总是由完全偶然的事件决定。伴随着卡利古拉的死而发生的这次政变就是这样,谁应该代替被谋杀的皇帝作为最高的指挥官,就军队这一方面而言,情况更是如此。他们选择了阿格里皮娜的皇叔克劳迪乌斯。而他以如此不同寻常的方式当选,似乎完全是个意外。

我们前面多次讲过,克劳迪乌斯是卡利古拉的皇叔,而卡利古拉和阿格里皮娜又是兄妹,自然他也是阿格里皮娜的皇叔。他当时大概五十岁,由于他心智和身体的劣势,处处遭人嘲笑,受人侮辱。他出生时就体弱多病,以至于连他自己的母亲都鄙视他,称他为"未完成的小怪物"。每当她想对别人的理解力表示蔑视时,她常常会说:"你跟我儿子克劳迪乌斯一样笨。"总之一句话,就天资禀赋而言,克劳迪乌斯在各个方面都极其不幸。他面目可憎,身材矮小,举止笨拙,声音难听,说话结巴。事实上,他小的时候几乎被人看作白痴,被禁止与其他同龄的罗马少年交往,被限制在皇宫内一个偏僻的地方,和女人、奴隶们待在一起,在那里他不知遭受了多少白眼、冷遇以及残忍的对待，结果他仅有的一点小小的禀赋灵气也被压制并消灭了。所有的人都以戏弄折磨他为乐。有时，大家聚在一起消遣娱乐，当他来到桌旁，其他客人就会联合起来挤对他，看着他无助地从桌子这头跑到那头，就是没人愿意让他坐下，他们就会开怀大笑；如果他们发现他睡着了，就用橄榄或枣子砸他，或者用棍棒或鞭子把他敲醒；有时候，他们会趁他熟睡的时候，偷偷地把他的草鞋放在他的手上，当他突然惊醒，就会用草鞋揉搓他的脸和眼睛，这让他们非常开心。

然而，他的劣势终究不像人们看上去的那么严重。的确，他的外貌难看到了极点，他的行动笨拙到了极致，但他在学识方面有着很高的追求和造诣。由于他经常忍受别人的嘲笑与戏弄而被上流社会拒之门外，这正好给了他大把时间潜心学习或追求其他一些有益的事情。他在努力开发自己的心智方面取得了长足进步。然而，他并没能获得周围人们的尊敬，当他渐渐长大，人们认为他似乎什么事也干不了。他的侄子卡利古拉在位期间，他和其他贵族都待在宫里，但在他们眼里，他依然是一个无足轻重、备受鄙视的人。据说，他能保住性命或许正是因为他的无足轻重，正是因为卡利古拉看到他又傻又笨，根本不可能有任何野心，才没有找借口杀了他。事实上，后来当克劳迪乌斯做了皇帝，他自己曾经说过，大多数情况下他貌似无知，都是假象，是大智若愚，以免自己受害。

第三章 克劳迪乌斯继位

克劳迪乌斯成年后结过几次婚。当卡利古拉被杀时，和他生活在一起的是他的第三任妻子，名叫维勒瑞娅·梅萨利纳。他们俩是表兄妹，生有一女，名叫奥克塔维娅。克劳迪乌斯与他前两位妻子的关系剑拔弩张、势如水火。他和她们争吵不休，最终离婚。这两位妻子，一个给他生了个女儿，一个给他生了个儿子，儿子吃梨的时候突然被噎死了。那一天，他把一块梨子扔到空中，等它掉下来的时候再试图用嘴接住，结果梨滑进了气管，令他窒息而死。至于那个女儿，由于克劳迪乌斯与她的母亲闹离婚而关系恶化，以至于他决定与孩子脱离父女关系并抛弃她。他命人将惊恐万状的小姑娘衣服扒光，就这样扔在她可怜的母亲的门口。

庆典的最后一天，正如前面讲过的那样，克劳迪乌斯和卡利古拉在剧院里，后来又跟他进了皇宫去看亚洲送来的少男少女。当他的侄子被刺杀的时候，他正好在场，或至少离得很近。从我们对他的性格的描述读者也许可以想到，他被这突如其来的场面完全惊呆了、吓坏了，六神无主，不知是该支持还是该反对谋反者。他魂飞魄散，偷偷地躲进皇宫中一个幽暗的壁龛的帷幔后面。他在那里待了一段时间，焦虑不安地聆听着周围发出的所有响动。他能听到街上和皇宫中走廊里的呼喊和喧闹。一队队卫兵来回走动，时不时地经过他藏身的地方，他们的武器发出的叮当声，他们愤怒的惊叫和呼喊声让他心慌意乱。有一次，他偷偷

尼禄

地向外张望,看到一群士兵长矛上挑着一颗血淋淋的人头匆匆走过。那是一位杰出的罗马公民的头颅,卫兵们以为他是一名谋反者就截住并杀死了他。这一可怕的景象极大地增加了克劳迪乌斯的恐惧。他对背叛他侄子的这些人的动机和计划全然不知,当然,他也无从得知两大对立的阵营对他有何看法。因此,他不敢把自己交给任何一方,只能心急如焚地躲在藏身之处,茫然不知所措。

最后,在忐忑不安、惊恐不已的状态下,他被一名叫埃普利乌斯的普通卫兵发现。他碰巧路过此地,偶然看到了帷幔下的双脚,就立刻拉开帷幔拖他出来仔细辨认。当然,此时克劳迪乌斯以为自己大限已到,他在临死的恐惧中跪下来乞求卫兵饶命。当这名卫兵发现自己抓住的囚犯

图为克劳迪乌斯被宣布为罗马皇帝,劳伦斯·阿尔玛·塔德玛绘于1867年。

第三章 克劳迪乌斯继位

是卡利古拉的皇叔——克劳迪乌斯的时候,赶紧扶他起来,尊他为皇帝,并向他致敬。由于卡利古拉没有儿子,埃普利乌斯认为克劳迪乌斯是卡利古拉最近的亲属,因此理应成为皇位继承人。埃普利乌斯立刻将其他卫兵召唤到此,并宣称他找到了新的皇帝,号召他们帮忙把他送到军营里去。因此,士兵们命人找来一把椅子,让惊魂未定的克劳迪乌斯坐在上面,他们将椅子抬在肩上带他离开。当他们抬着他在街上走过,看到的人以为士兵们要处决他,都为他悲惨的命运哀叹。克劳迪乌斯自己都不知道该相信谁,他只希望士兵们能放他一马,那时他还没有完全消除心中的恐惧。

与此同时,士兵们抬着他马不停蹄地向前走。当一组抬轿者疲惫不堪的时候,他们就放下椅子换由另一组人接着抬。一路上,没有人骚扰他们或者试图截住他们,最后他们到了军营,克劳迪乌斯受到了全军的欢迎和礼遇。当天晚上,军官们开会讨论,决定拥护他为新皇帝。起初,他极不情愿接受他们提供的尊荣,但他们极力劝说,最后他被引诱接受了皇位。就这样,军队又有了新的首领,准备与罗马城里的当权派之间发生冲突。

在此,我们不必详细描述接下来发生的冲突,只要说明军队大获全胜,克劳迪乌斯很快发现自己在侄子被推翻后不久就独揽大权,这样就足够了。

新皇帝登基后采取的第一项措施就是将阿格里皮娜召

尼禄

回罗马,当时她被卡利古拉流放到庞提亚岛监禁起来。接着,恢复了她以前的地位。她的丈夫布瑞赞贝尔德已经去世,她的儿子——小布瑞赞贝尔德,后来被称作尼禄,也就是这段历史的主角,当时只有三岁。克劳迪乌斯和梅萨利纳的女儿——奥克塔维娅比尼禄还要小一点儿。

克劳迪乌斯的妻子梅萨利纳憎恨阿格里皮娜,把她看作自己的对手和敌人,阿格里皮娜也的确如此。克劳迪乌斯将阿格里皮娜从流放地召回罗马,并对她宠爱有加,这让梅萨利纳对她恨之入骨。然而,她又不能引诱克劳迪乌

图为梅萨利纳像,汉斯·马卡特绘。

第三章 克劳迪乌斯继位

斯撤回对其侄女的保护,因为尽管克劳迪乌斯在大多数事情上完全听从妻子梅萨利纳的话,但唯独这件事,他似乎并不打算屈服。因此,阿格里皮娜继续住在罗马,并且多年以来在宫中拥有了赫赫权势,她的儿子也在一天天长大,一天天成熟。直到他十二岁那年,在他和他的母亲身上又发生了巨大的变故。由于梅萨利纳邪恶歹毒、鬼迷心窍,反倒使自己成了被对手阿格里皮娜利用的工具。阿格里皮娜取代了梅萨利纳嫁给了自己的皇叔,当了皇后。她达到目的的经过如下所述:

梅萨利纳长期以来就是一个淫荡邪恶的女人,整日沉迷在无耻放纵、寻欢作乐的生活里,时不时地挑选身边喜欢的朝臣与他们私通。刚开始的一段时间里,她还只是小心谨慎,偷偷摸摸地干这些见不得人的勾当,以免丈夫发现。然而,慢慢地她胆子越来越大,竟然公开与他们苟且。她比丈夫聪明,很容易就能骗过他,或者诱使他做她喜欢的事情。她劝丈夫慷慨大方地赐予她所宠幸的那些人以荣誉和奖赏,而贬谪、甚至杀害那些冒犯她的人。她偶尔也会借助狡猾的手段和诡计达到目的。比如,有一次她对自己的继父西拉努斯怀恨在心,他是梅萨利纳母亲的第二任丈夫,年轻英俊,魅力非凡。起初,梅萨利纳很爱他,想把他变成自己的一个情人和玩伴。然而,西拉努斯并没有满足她的愿望,她由爱生恨并急切地想要报复。既然得不到,她就决定毁掉他。但是,她发现西拉努斯与皇室的关系密切，致使她很难让克劳迪乌斯上当。于是，她想出了下面这样一个奸诈歹毒的阴谋。

一天傍晚，她派信使给西拉努斯传话，说皇帝想让他第二天一大早进宫，到他的寝宫去。信使还说，皇帝想见他，有要事相商。

就在西拉努斯按照约定的时间进宫之前，一位名叫纳西苏斯的皇室御用军官，就是受梅萨利纳雇佣帮她完成阴谋的人，行色匆匆地走进皇帝的寝宫，一脸焦急的表情，对因他的到来而被吵醒的克劳迪乌斯说，他做了一个可怕的梦，他认为刻不容缓地汇报给皇帝是他的职责。他说他梦到有人密谋行刺皇帝，这个谋划者就是西拉努斯，他一大早就会来实施他的计划。当时和丈夫在一起的梅萨利纳，假装焦虑不安地听完这个故事，然后带着一脸神秘而庄严的表情宣布：她连续两三个晚上也做过同样的梦！只是她不愿意给西拉努斯带来伤害，或者让皇帝对她产生任何不必要的怀疑，她这才一直忍着，没有把实情告诉丈夫。然后，她说她现在已经相信了，西拉努斯的确心怀不轨、意欲造反，她还说梦就是上天警告皇帝防范危险的预兆。

生性胆小的克劳迪乌斯对这些消息感到惊慌失措，而就在那时，一名仆人走进来向他汇报，说西拉努斯进来了，这让克劳迪乌斯一下子变得紧张起来。西拉努斯不合时宜地来到皇宫，被皇帝认为这恰恰证实了他们讲给他的那些梦境，证实了被告就是有罪。皇帝对此深信不疑，心中的恐惧和激动使他一时冲动，命令左右将西拉努斯拿下，拖出皇宫，立即处死。卫兵们领命，不由分说将西拉努斯架出皇宫，用宝剑结果了他的性命。可怜的西拉努斯，到死都不知道，自己究竟为何被控告、被处决，就这样不明不白地含冤而死。

就这样，每当梅萨利纳不能直接通过皇帝，达到自己的目的时，她就会利用阴谋诡计达到目的。她几乎总能以这样或那样的方式实施自己的计划，久而久之她几乎能够行使最高权力了。她想捧谁就捧谁，想灭谁就灭谁。同时，她自己过着一种放荡不羁、纵情享乐的生活。长久以来，她向皇帝隐瞒自己的恶行。尽管人人都知道梅萨利纳品行不端，她却很轻易地骗过了皇帝，他依然对她的罪行一无所知。然而后来，她变得越来越胆大妄为，正如一位史学家说的那样，她对普通的恶行已经感到厌烦，希望寻求新鲜刺激的乐子以满足感官的需求，但最终她做得太过分，使自己走上了毁灭的道路。

事情大概是在克劳迪乌斯当上皇帝后的第七个年头发生的。那时，梅萨利纳的情人是一个名叫卡伊乌斯·西利乌斯的罗马元老，他是一位非常尊贵的年轻贵族，长相俊朗，潇洒自如，谈吐不凡，举止儒雅。事实上，他是个大众情人。当梅萨利纳第一次见到他时，就被他的翩翩风度所迷倒，真可谓一见钟情。然而，他已经娶了一位名叫朱妮娅·西拉娜的罗马美女为妻。西拉娜过去一直是尼禄的母亲阿格里皮娜的闺中密友,此时两人关系依然很亲密,尽管后来她们成了死对头。梅萨利纳公开了她对西利乌斯的爱恋,她自由出入他的宅邸,反过来也殷勤接待他的造访;她陪他出入于公共场所,公然且毫不掩饰地处处表明她对他强烈的爱恋。最后,她提议他休妻,以便他们能自由自在地出双入对。

西利乌斯就是否要听从她的提议而犹豫不决。他心知肚明,不管是听从还是拒绝都必然会招来极大的危险。答应皇后的提议,无疑会让自己置身于极其危险的境地;如果拒绝,他担心她会震怒,西拉努斯的下场就是前车之鉴。他最终决定两害相较取其轻,就听从梅萨利纳的提议,休掉妻子,完全受梅萨利纳的摆布了。

做出这样的安排之后,一段时间内万事顺利,风平浪静。克劳迪乌斯本人过着非常清静的生活,很少关注妻子的放纵与淫乐。他有时住在皇宫偏僻的院落里,花时间学习或处理政务。他似乎有心促进国家富强和民族兴旺,他制定了许多有用的利国利民的法律法规。有时,他会离开罗马三个月左右,巡视要塞和军营,视察公共建设工程,比如正在建设的沟渠和运河。

他计划在台伯河口修建一个港湾,这项工程令他很感兴趣。那个地方被称作奥斯提亚,拉丁语中意为"出入口"。为了形成一个港口,他在那里修建了两道长长的、弯曲的、伸向海中的防波堤,以便在它们之间围起一大片水域,这

第三章 克劳迪乌斯继位

样船只就能安全地在此抛锚。防波堤的尽头建有灯塔。在为其中一道防波堤打基础的时候,情况有点儿特殊。克劳迪乌斯雇用的工程师们将一艘大船沉到了海底,那是卡利古拉以前命人建造的,用来从埃及向罗马运送一座方尖碑。这座方尖碑现在矗立在圣彼得大教堂前面,成为令所有参观者赞叹的景观。由于这座方尖碑是用一块完整的石头雕琢而成,要运送它就得有一条特制的大船才行,一旦完成了艰巨的运送任务,这条船在海上就没了用武之地。因此,工程师们就把它装满石头和沙砾从台伯河河口沉下去,形成克劳迪乌斯命令修建的一条防波堤的基础。人们发现,虽然经过了几个世纪,沉睡在海底的木料竟然没有丝毫腐烂的痕迹,除非水生生物啃食并把它们分解运走,否则这艘大船依然会岿然不动地深埋在克劳迪乌斯曾经安放它的地方。

当皇帝忙于规划国计民生的时候,皇后梅萨利纳却继续过着花天酒地、骄奢淫逸的生活,而且日渐堕落,越来越胆大妄为。她的生活就是一个持续不断的款待与快乐的循环过程——有时在自己的寝宫里款待来访的客人,有时和一大帮随从、朋友造访西利乌斯的府邸。当然,人人都向西利乌斯大献殷勤,在与他的交往中处处表现出对他心怀友爱与敬慕。对于得宠的红人,情况大抵都是这样:表面上,他们恩宠加身,风光无限;但暗地里,却备受憎恶与鄙视。西利乌斯轻而易举地攀上高枝,不禁让他感到飘飘然，他醉心于这种感觉。然而他过得并不总是那么逍遥自在，他也意识到爬得越高就跌得越重。虽然他现在就站在悬崖峭壁的边缘，但大多数时候他还是闭上眼睛，盲目前行，不断地滑向危险的深渊，直到灾难突然降临。

梅萨利纳的命运

精彩看点

西利乌斯阴谋篡权——他向梅萨利纳提出自己的计划——梅萨利纳的回答——她的动机——她的提议——梅萨利纳在这一提议中的厚颜无耻——庆祝不正当的婚姻——皇帝的朋友们义愤填膺——密谋杀掉梅萨利纳——同谋者们的计划和安排——他们的犹豫——凯尔波妮娅——讲给她的理由——凯尔波妮娅和科里奥帕特拉承担任务——梅萨利纳在皇家花园里的庆典——凯尔波妮娅与克劳迪乌斯在奥斯提亚见面——克劳迪乌斯胆战心惊——纳西苏斯的陈述——召开协商会议——克劳迪乌斯和同谋者们采取的措施——梅萨利纳受到警告——花园里的情景——西利乌斯撤走——梅萨利纳的焦虑——她的行动——她的子女——她前去面见皇帝——她的乞求——克劳迪乌斯充耳不闻——维碧迪娅遭到驳斥——行刑——克劳迪乌斯享受晚餐——梅萨利纳的信——克劳迪乌斯心软了——纳西苏斯惊慌不安——纳西苏斯派人杀害梅萨利纳——梅萨利纳与母亲在花园里见面——克劳迪乌斯对梅萨利纳的命运漠不关心——克劳迪乌斯娶阿格里皮娜为妻——克劳迪乌斯收养阿格里皮娜的儿子

第四章 梅萨利纳的命运

读者不难想象当西利乌斯发现自己与梅萨利纳现在所面临的情况和形势时,他心中会激起两种完全不同的情感:一方面是野心,另一方面是担心。发现自己突然攀上高枝,他自然还想爬得更高进而掌握实权,而他与梅萨利纳苟且所带来的危险也日益让他感到不安。最后,在野心和担心的双重作用下,他想出了一条妙计并决定实施。他要谋杀克劳迪乌斯,娶梅萨利纳为妻,并取代克劳迪乌斯自己作皇帝。他想,只要完成这一计划就能够一箭双雕,一方面他能立刻掌握无上的实权,另一方面他自己也就安全无虞了。他决定向梅萨利纳提出自己的计划。

后来,当他感到时机成熟时就跟皇后提起了这件事,并小心翼翼地将自己的计划告诉她。"我希望你只属于我一个人,"他说道,"尽管皇帝年事已高,但我们也不能安安全全地等到他自然老死。事实上,我们一直面临危险,我们做得确实有些过头,因而不可能安闲自在。只要走完最后关键的几步，完全达到我们的目的，就能完成我们未竟的计划。只有这么做才不会给我们招致惩罚。我们应该采取唯一最为有效的方式保护我们自己，避免迫在眉睫的危险。让我们设计将皇帝除掉，然后我会取而代之被尊为皇帝，再娶你为皇后，你现在享有的权利到那时又会原封不动地回到你的手里，只有这样你才能永远地高枕无忧。实施这个计划其实很容易，因为皇帝垂垂老矣、愚钝糊涂，只要我们深思熟虑、计划周密，他就无力保护自己，除掉他就不费吹灰之力。话虽这么说，如果我们依然保持现状，任何偶然事件都会让他从昏睡中清醒过来，然后他可能会为我们的事勃然大怒，严惩不贷。"

梅萨利纳津津有味、全神贯注地倾听着这个提议，但关于刺杀皇帝的建议她似乎并不赞同。一位历史学家说，她之所以不同意这么做，不是因为还念及残存的夫妻感情或者出于任何良知，而是因为不信任西利乌斯，也不愿意完全受他控制。她更希望西利乌斯依赖自己，而不愿自己去依赖他。然而，她说她很乐意提议中说到的娶她为妻，即便皇帝还活着，她也同意。因此，她补充道，如果西利乌斯同意，当下一次皇帝去奥斯提亚的时候，她准备举行婚礼。

作为一名妻子和母亲，无论她有多么肆无忌惮、道德败坏，在这种情况下，梅萨利纳竟然能够做出这样的决定，自然是超乎寻常的。那些不断涌现的、统治人类的不负责

图为宝石浮雕：梅萨利纳和她的孩子们。

任的暴君们,总是会不顾一切地疯狂痴迷地把坏事做尽,把恶事做绝,对于那些不明白这一点的人来说,梅萨利纳的做法一定是令人难以置信的。记录这一事件的那位罗马史学家让我们确信,正是这种厚颜无耻的行为才让梅萨利纳觉得有意思。她已经对所有普通的、可耻的放纵与淫乐的方式感到厌烦和腻味。她经常欺瞒丈夫满足自己的欲望,这种偷偷摸摸的行径曾经一度让她感到刺激痛快,给她的生活平添了一份滋味。但皇帝太轻信她,以至于时间久了普通的恶行再也不能给她带来任何刺激的快感了。但是,当皇帝离开罗马去不远的地方小住几日,她则真正地嫁与他人,这种想法既新鲜又吸引人,她想,这有别于以往那些单调乏味、无聊枯燥的犯罪方式。

最后,西利乌斯提议的婚姻被定了下来,并且在克劳迪乌斯去奥斯提亚视察正在进行的工程时,如期举行了模拟的结婚仪式。当然,这样的一个结婚仪式并不具备任何法律效力。究竟在真实的庆祝活动中,假装的婚姻被公开了多久,我们无从得知,但是,历史学家们说它按照所有其他婚礼仪式举行。有目击者确认,仪式由一名占卜师,即祭司官主持。这样庄严的仪式让祭司官来主持比较合适。梅萨利纳和西利乌斯分别重复了新娘和新郎要说的誓言,然后是祭天敬神的仪式。接下来是婚宴,在婚宴上他们像其他新婚夫妇会做的那样,亲亲热热,拥抱接吻。总之,一切都如真正的诚实的婚礼那样,从头至尾,按照

第四章 梅萨利纳的命运

惯常的程序进行。不管这样的场面是作为严肃的事情公开进行，还是作为一种游戏私下进行，都在所有见证它的人心中产生了强烈的轰动，消息不胫而走传到国外，弄得尽人皆知。

克劳迪乌斯的支持者们对于这样的行径感到义愤填膺。他们聚到一起商议，互相表达不满与抱怨，预见这件事可能会带来的可怕恶果。他们说西利乌斯是个野心勃勃、极度危险的人物。他们相信他那厚颜无耻的行径就是某种深藏不露、不可告人的阴谋的前奏。他们为克劳迪乌斯的安全感到忧心如焚，因为他们心如明镜：一旦皇帝垮台，他们也就跟着毁灭，因此，他们自然会感到惊慌失措。然而他们又万般无奈，束手无策。

如果他们把梅萨利纳的可耻行径告诉皇帝，他们并没有太大把握会对他产生多大的影响。和几乎所有优柔寡断的人一样，他极端冲动，反复无常。告诉他实情之后，他是会漠不关心，还是会怒不可遏；会把怒火发泄在梅萨利纳身上，还是发泄在那些告发她的人身上，这一切都无法预料。

最后，经过反复商量和讨论之后，几个极度憎恶梅萨利纳及其丑恶行径的朝臣们决定联合起来伺机杀掉她。这伙人的主谋是卡里斯图斯，他是克劳迪乌斯的一名军官，也是参与彻瑞尔谋杀卡利古拉行动中的一员。另一位是纳西苏斯，即上一章提到的与梅萨利纳联手导演了西拉努斯之死的那位狡猾的阴谋家。还有一位合谋杀害梅萨利纳的人是帕勒斯，他是克劳迪乌斯信赖的朋友和心腹，和其余的人一样，非常嫉妒西利乌斯通过梅萨利纳僭越他的主子，也就是皇帝，而获得的影响力。尽管还有别的人参与其中，但他们三个人是主谋。

这些人仇恨的最大目标似乎是西利乌斯，而不是梅萨利纳。事实上我们很容易就能想到这一点，因为他们的对手是西利乌斯，而不是梅萨利纳。他们中有的人似乎因为她本人的缘故而憎恨她，但其他人似乎只要能通过其他方式抓获西利乌斯，他们并不想伤害皇后。在举行的讨论会上，有人提议直接去见梅萨利纳，不是向她表示任何冷酷的敌意，而是耐心地说服她断绝与情人西利乌斯的来往。然而，这一提议很快就被否决，合谋者们认为梅萨利纳不可能听从诸如此类的任何建议。如果他们真的这么做了而梅萨利纳又不同意，她很有可能会大发雷霆，并强烈抗议提出建议的人；话说回来，即便她并不会试图报复提出这一建议的人，无论如何，至少她会有效地防范他们的任何企图。因此，棒打鸳鸯的计划就被放弃了，他们重新制订计划决定把此二人全部除掉。

为了实现他们的目标，合谋者们决定采取的计划是，去见还待在奥斯提亚的克劳迪乌斯，并把梅萨利纳和西利乌斯的所作所为一股脑儿全都告诉他，努力说服他，就他们这种恬不知耻的行为将公开危及皇帝的生命。然而，他

第四章 梅萨利纳的命运

们中似乎没人愿意敢为人先,去和这样一位皇帝进行这样的对话。他们不知道他会做出怎样的反应,或者说他会先对谁下手来消解自己的憎恨与怨怼。最后,经过犹豫不决和反复讨论之后,他们决定利用一个名叫凯尔波妮娅的高级妓女去执行这一任务,她是克劳迪乌斯的一位情人和伴侣,正因为如此,他们想,在这样的情况下她或许能有机会接近他并提起这件事,从而降低危险。不管怎么说,凯尔波妮娅很快就对同谋者们摆在她面前的优厚条件感到动心,并答应执行这一任务。他们不光承诺

图为克劳迪乌斯像,现藏于梵蒂冈博物馆。

给她适当的回报,还成功地激起了这样的一个女人自然而然对梅萨利纳产生的嫉妒和憎恨。诚然,同是妻子,凯尔波妮娅却只是个情人和伴侣,她当然会把梅萨利纳当成对手和情敌。他们还向凯尔波妮娅描绘了一幅锦绣般的前景。

他们说，一旦扳倒了梅萨利纳，她的地位就会彻底改观，再没有人能够妨碍她：她对于皇帝的思想的影响和支配就能天长地久。

凯尔波妮娅很容易就对这些条件动心，并答应执行这一任务。还有一个名叫科里奥帕特拉的高级妓女，当凯尔波妮娅向皇帝告发皇后的丑行时，如果需要证明的话，她被安排在旁边敲敲边鼓，证实凯尔波妮娅所说的话完全属实。同谋者们也会候在外面，随时等待被传唤，当凯尔波妮娅和科里奥帕特拉的话起作用之后，一旦时机成熟他们就准备行动。如此这般安排妥当之后，这伙人就动身前往奥斯提亚，去实施他们的计划。

与此同时，梅萨利纳和西利乌斯完全没有意识到潜在的危险，变得越来越胆大妄为，他们道德败坏、纵情享乐，毫不在乎产生的影响有多么恶劣。当卡里斯图斯和他的同伙去奥斯提亚的那一天，她却在皇宫里举办盛大而欢乐的庆典。那是一年中的秋季，庆典正是为了纪念这个季节。在地中海沿岸的国家，采摘葡萄并榨出酿酒的葡萄汁是秋季狂欢最重要的主题。梅萨利纳秉承传统习俗，在皇家花园里安排了这个庆典。一架葡萄榨汁机被竖起来，葡萄被采来扔进去。梅萨利纳邀请的客人们聚集在周围，有的在榨汁机周围跳舞，有的在小径间散步，有的坐在附近的凉亭里。他们穿着花里胡哨的戏服，头上戴着鲜花编成的花冠。有一群届时作为演员忙着跳舞的女孩子，为在座的诸

第四章 梅萨利纳的命运

位提供娱乐，以纪念酒神巴克斯。这些女孩子们，全身包裹在用虎皮缝制的袍子里，头上戴着花冠。然而梅萨利纳是欢乐的人群中最显眼的那个。她穿着长袍，尽显优雅与迷人的魅力，和煦的秋风轻轻地吹拂着她的长发。她手里拿着酒神巴克斯的手杖，精雕细琢，顶端刻有一串葡萄以及其他象征性装饰。酒神巴克斯的手杖在拜祭酒神的仪式和庆典中总能用到。西利乌斯则和其他人一样穿着怪诞的戏服，被跳舞的女孩子们围在圆圈中心，在梅萨利纳身旁跳舞。

正当人们在罗马的皇家花园里尽情享受欢乐的舞会时，奥斯提亚却上演了完全不同的一幕。凯尔波妮娅在与克劳迪乌斯秘密会面的时候，瞅准了似乎有利于她此行的机会，赶紧在他面前跪下来，将同谋者们灌输给她的那些话告诉他，把梅萨利纳的丑事一桩桩地讲给皇帝听，特别是告诉他她最终是如何通过公开地嫁给西利乌斯，或者至少假装这样做，而给自己的丈夫戴了绿帽子，使他这位九五至尊蒙羞。她又补充道："你的朋友们相信，她和西利乌斯怀有更加罪恶的阴谋，你会有性命之忧，除非立刻采取坚决而有力的措施才能避免危险。"

听了这些话，克劳迪乌斯惊讶不已，同时也感到胆战心惊。他浑身发抖，面色苍白，后来他变得激动而又狂怒，开始语无伦次、心烦意乱地盘问。凯尔波妮娅将科里奥帕特拉唤进来为她所说的话作证。当然，科里奥帕特拉的确毫无保留地为她作了证。她们的话给皇帝带来的影响似乎正是同谋者们所期待的。他无意为梅萨利纳辩护，也没有对控告她的凯尔波妮娅和科里奥帕特拉发火，他似乎整个心思都在担心个人的安危，因此，他命人将纳西苏斯叫了进来。

当纳西苏斯被传唤入内，尽管他装出一副极不情愿、踌躇犹豫的样子，他还是承认凯尔波妮娅所说的话完全属实，并立刻开始为自己玩忽职守没能提前告知皇帝而道歉。当他讲到梅萨利纳和西利乌斯的时候，态度温和节制，好像他的目的是要安抚皇帝，而不是要火上浇油。然而，他承认完全有必要采取果断措施。"你妻子在欺骗你，"他说道，"西利乌斯才是她的主人，接下来他会成为帝国的主人。他甚至都快把禁卫军拉拢到他那一边，那样的话一切都完了，完全有必要立刻采取果断的措施。"

在极度惶恐不安中，克劳迪乌斯立即召集在奥斯提亚的有名望的元老们和支持者们，商议下一步该怎么做。当然，出席这次会议的主要是同谋者。他们围拢在皇帝身边，敦促他立刻采取最为果断的措施，解除迫在眉睫的危险。他们成功地引起了他的惊慌恐惧，以至于他站在他们面前，完全瞠目结舌、六神无主。同谋者们催促皇帝，首先要稳住禁卫军。这支军队由一名叫戈塔的军官指挥，纳西苏斯说此人不可信，他恳求克劳迪乌斯立刻授权给他——纳西苏斯，指挥禁卫军。主谋者们这么做是希望控制禁卫军，

第四章 梅萨利纳的命运

或许这样就能保证一旦他们成功地诱使皇帝对梅萨利纳和西利乌斯动手,在他有机会改变主意之前他们也能立即执行。皇帝看看这个,又看看那个,倾听他们提出的各种建议和计划,但他好像不知所措,举棋不定,甚至压根不知道该怎么办才好。然而,最后他终于决定立刻回罗马。因此,所有的人都上了马车,纳西苏斯陪着皇帝坐进了皇帝的战车,以便一路上他能凭借三寸不烂之舌,保持主人——即皇帝心中的激动与焦虑不会减退。

同时,在那些见证了奥斯提亚的行动的人当中,有些人在即将到来的斗争中倾向于支持梅萨利纳和西利乌斯,他们马上派了一名特别的信使去罗马向皇后通风报信,告诉她即将大难临头。这名信使跨上骏马沿着台伯河岸全速前进,遥遥领先于皇帝的队伍。他一到城里,就赶紧到皇家花园向梅萨利纳和庆典上的人们报信。他说有人向克劳迪乌斯告发了她和西利乌斯,皇帝现在咬牙切齿、怒气冲天,他已经在回罗马的路上了,来报复他们。信使警告他们赶紧逃命。当然,这一消息起初只是告知一些有关的主要人员,然而它让所有的狂欢与快乐戛然而止,消息很快在花园里传开了。有个人爬上一棵大树向奥斯提亚的方向张望,其他人问他看到了什么?"我看到奥斯提亚的海面上起了大风暴,"他说道,"而且向这边来了,我们得赶紧各自逃命了。"总之,祭祀酒神的狂欢游戏和活动很快就在一片混乱中散场了,前来庆祝的人们慌不择路、四散逃命。

西利乌斯马上换上普通的衣服，装出一副漫不经心、满不在乎的样子进了城。他在公共集会场所附近游荡，似乎一切和往常无异。梅萨利纳自己则逃进了一位名叫卢卡鲁斯的朋友的家里，她穿过房子在花园里寻找藏身之处。在那里她开始感到痛苦万分、悔恨交加、魂不附体。她犯下的滔天大罪，现在似乎要遭到可怕的报应了，她一时不知道该怎么办才好。她很快反应过来，待在这里并非长久之计，因为克劳迪乌斯的士兵们那时已经涌进城里，开始了对他们的抓捕，很快就会发现她的藏身之地，并把她带到怒火中烧的丈夫面前。她决定，与其坐以待毙不如主动去见他，听凭他的发落，竭力安抚并使他心软。因此，她心烦意乱地决定按照自己的想法去做。她从卢卡鲁斯家花园里的藏身之地走出来，去找她的孩子们。她想带着他们和她一起去见皇帝，或许孩子们的出现会让皇帝心慈手软。她有一儿一女，前面已经提到的奥克塔维娅是姐姐，现在已经十一二岁年纪，弟弟比她小几岁，名叫布瑞塔尼库斯。

与此同时，因为克劳迪乌斯的逼近，以及传遍大街小巷的关于所发生的事情的消息，罗马城陷入了严重的骚乱之中。克劳迪乌斯派出去的士兵们，正在街上挨家挨户地搜查、抓捕。在这混乱的情况下，梅萨利纳带着两个孩子，说服了一位名叫维碧迪娅的修女，恳求她陪她一起，并为

第四章 梅萨利纳的命运

她申辩。她从皇宫出来，跣足而行，穿过街道，蓬头垢面，衣衫不整，浑身写满了屈辱、卑贱与哀伤。当她到达城门口，她登上了一辆在那里发现的普通运货马车，就那样去见她怒不可遏的丈夫，让两个孩子和修女维碧迪娅跟在后面。

她没走多远就看见皇帝的队伍向这边走来，当她离克劳迪乌斯的马车足够近，以便他能听到她说话的时候，她便开始大声地乞求并哀伤地哭泣，恳请她的丈夫在谴责她之前听她一言。"听你不幸的妻子说句话吧！"她喊道，"听布瑞塔尼库斯和奥克塔维娅的母亲说句话吧！"纳西苏斯和其他近在身边的人对她进行干预，免得皇帝听到她的乞求。他们不断地对皇帝讲话，以坚定他的意志，还写了一份书面的文件供他诵读，他们说这份文件讲述了整件事情的经过。克劳迪乌斯对他的妻子几乎视而不见，继续向罗马城前进。她跟在他的队伍里，当他们接近城门的时候，遇到了维碧迪娅和两个孩子。维碧迪娅试图说话，但克劳迪乌斯充耳不闻。她就用凄切的口吻抱怨他不给自己的妻子申辩的机会，这样做有失公平，太过残忍。但克劳迪乌斯不为所动，他告诉维碧迪娅，梅萨利纳会在合适的时间有机会为自己辩护；同时他还说修女的职责就是闭门修行，服侍上帝。他就这样把维碧迪娅和两个孩子打发走了。

一行人马一进城，纳西苏斯就带领皇帝来到了西利乌斯的宅邸。进去后，他向皇帝指认了大量的证据，证明了房子的主人确实跟梅萨利纳有不道德的儿女私情。房子里摆满了昂贵的礼物以及梅萨利纳的爱的象征，其中有很多都是传到克劳迪乌斯手上的价值连城的皇室传家宝，但是梅萨利纳却把它们送给了西利乌斯，而让克劳迪乌斯与这些传家宝如此疏远，这让克劳迪乌斯心中充满了怨恨与愤怒。他随后来到了军营，西利乌斯和他的几个主要的同党被捕，并被带到一个临时召集的特别军事法庭，当场对他们进行审判。当然，审判过程非常简短，他们全都被判处死刑，拖出军营立即执行。

做完这一切，皇帝和他的支持者们回到罗马，进了皇宫。他的大脑似乎一下子放松了，感觉危机已经过去，便命人准备晚餐。晚餐准备好之后，他坐在桌旁，庆祝自己和支持者们逃过了近在咫尺的劫难，并成功地消除了危险。但是，纳西苏斯和其他人却开始发抖，生怕最后梅萨利纳还是会被饶恕。他们非常清楚，如果她被允许活下来，她很快就能利用巧妙的安排重新获得对皇帝的意志横加影响与支配的权力。如果那样的话，她就会不遗余力地消灭所有那些参与将西利乌斯迫害致死的人。因此，他们开始为自己的身家性命忧心忡忡。与此同时，有消息说，当皇帝进城后，梅萨利纳也回到了先前在卢卡鲁斯家的花园里的避难所。后来，她给皇帝带来了一封书信。一读这封信，就会发现梅萨利纳语气大胆。与其说这封信是乞求，倒不如说它是抗议。她似乎想通过这种貌似勇敢、实则无耻的做法，检验一下她能否公开地重获长久以来对皇帝的意志

第四章 梅萨利纳的命运

横加影响与支配的权力。克劳迪乌斯好像有点儿犹豫和动摇了。恐惧的减弱似乎使他的怒火也随之减弱,加上在酒桌上开怀畅饮,以及当时其他因素的影响,他又恢复了惯常的好心情。他派一位信使回复梅萨利纳的信,让他转告梅萨利纳,明天她可以来见他并为自己申辩。

图为公元41—48年罗马帝国发行的货币,正面为梅萨利纳,背面为站立的宙斯。

这让纳西苏斯和其他主要的同谋者惊慌失措,他们立刻决定阻止克劳迪乌斯会见梅萨利纳。当初,按照合谋者们的意愿,纳西苏斯似乎被任命为禁卫军的指挥官。因此,假如他敢对自己的行动负责的话,他有能力阻止皇帝的决定被实施。这一刻充满了紧张与悬念。然而,他很快就下定决心,尽管对他来说这么做很危险,但是,不做的话就要面临灭顶之灾。因为如果梅萨利纳被允许活下来,那么毫无疑问,他们都得去死。因此,下定决心之后,纳西苏斯匆匆走出宴会大厅，以皇帝的名义，给当值的军官下达命令，去卢卡鲁斯家的花园里，对梅萨利纳立即执行死刑，不得延误。

当一群士兵们进来的时候，梅萨利纳和她的母亲勒佩达正在花园里等待皇帝的回信。她和母亲历来不合，现在已经很长时间都不来往了。然而，女儿面临的危机唤醒了母亲心中本能的母爱，勒佩达在生死攸关的时候来看望自己的孩子。然而，她此行并非来安慰她，或者帮她自救，而是给她提供自裁的方式，以避免被公开处决而受到的羞辱，因为自裁是她目前唯一的出路。

因此，在花园里，她给梅萨利纳一把匕首，让她拿着它，对她说道："死在自己手里，是你目前唯一的出路。你必须死，这场悲剧不可能有其他结局。在这里静静地等着刽子手来杀你是卑鄙的，可耻的。你必须死，现在你所拥有的所有权力就是以与你的身份相配的尊严和勇气结束这一切。"

梅萨利纳显得极为焦虑，极为悲痛，但她下不了决心接受这把匕首。就在这时，士兵们出现了，走进了花园。母亲把匕首塞到了女儿手中，说道："是时候了。"梅萨利纳拿起匕首，把它抵在自己的胸膛上，却没有勇气捅进去。那名军官手执宝剑，带领士兵们逼上来。梅萨利纳依然犹豫不决，下不了手，她虚弱而徒劳地给自己留下了一个伤口，但伤口并不深，不足以致命。就在这时，那名军

第四章 梅萨利纳的命运

官一个箭步冲到了她面前,把她砍倒,只一剑就结束了她的性命,同时也结束了她那痛苦的思想斗争。

当消息传给纳西苏斯,说他的命令已被执行,他便重新回到克劳迪乌斯身边,向他简单地汇报皇后已经殁了。他没有解释,皇帝也没有问,而是继续进餐,就好像什么也没有发生。后来,克劳迪乌斯对梅萨利纳的命运也从未表达过一丝一毫的好奇和兴趣。

这些事件激起的骚乱,从某种程度来说,刚刚有所平定,人们就开始张罗着为皇帝迎娶新皇后而耍手段,使心计。有很多竞争者都在垂涎皇后的宝座。因为尽管克劳迪乌斯年事已高,智力迟钝,长相丑陋,但他依然是皇帝。宫里所有那些认为自己有可能成功的女人们,都渴望嫁给皇帝,并把这看作是可能实现的最大的梦想。这其中就包括阿格里皮娜。她是克劳迪乌斯的侄女,这种关系从某一方面来说,妨碍了她登上皇后的宝座,因为法律禁止这种程度的血亲关系结婚。然而,另一方面,这种关系又极大地有利于阿格里皮娜,因为她正好可以以此为借口,频繁地接近皇帝,对他细心照料,关怀备至。最终,她成功地激起了他的爱意,他决定娶她为妻。元老院很容易就被说服,修改了法律,以便他能名正言顺地娶阿格里皮娜为妻,就这样,他们结为了夫妻。

克劳迪乌斯不仅让我们此书主人公的母亲当了皇后,还收养了她的儿子作为继承人,同时还给他改了名字——

尼 禄

尼禄·克劳迪乌斯·恺撒·德鲁苏斯·哲曼尼库斯，这个威武气派的名字取代了以前那个平庸粗俗的名字阿赫诺巴尔伯斯。然而，从那以后，史上通常只称呼他的第一个简单的名字：尼禄。

第五章

尼禄的童年

精彩看点

尼禄的早期历史——他父亲的性格——布瑞赞贝尔德残忍的性情——疏于管教的尼禄——尼禄再次出现在宫里——布瑞塔尼库斯——百年赛事——庆祝方式——尼禄和布瑞塔尼库斯——尼禄受到赞赏——蛇的故事——梅萨利纳死后尼禄的地位得到提高——阿格里皮娜对待布瑞塔尼库斯——尼禄得到托加长袍——布瑞塔尼库斯被隔离——阿格里皮娜对待两个男孩——布瑞塔尼库斯冒犯了尼禄——阿格里皮娜非常愤怒——**富森湖**——计划排干湖水——运河——运河开放时的大型庆祝活动——湖上发生的海战——海战的结果——湖水并未流出——加深运河——新的庆祝活动——阿格里皮娜对待奥克塔维娅的计划——西拉努斯悲惨的结局——尼禄的婚姻

第五章 尼禄的童年

正如前几章中描述的那样,当阿格里皮娜经历自己人生中的大起大落时,年幼的尼禄(从今往后我们就叫他尼禄),长成了一个聪明活泼却无法无天、狂野不羁的男孩。大概在他三岁的时候,他的亲生父亲就去世了。然而,对于这个孩子来说,这或许是件好事而不是坏事,因为布瑞赞贝尔德是一个极其粗暴、残忍、毫无原则的人。一次,他命令一个奴隶喝酒,只因为他没有喝完,布瑞赞贝尔德就把他杀了;还有一次他驾着马车穿过一个村庄,明目张胆地碾轧一个男孩,孩子当场毙命。他欺骗所有与他打交道的人,作恶多端。对待妻子也极其残暴,正如前面讲过的那样,当他听到自己的儿子降生的消息时,竟然嘲弄地说,他和阿格里皮娜生出来的必定是个令人憎恶的玩意儿。当被问及他会给孩子取什么名字时,他提议叫"克劳迪乌斯"。他这么说,是存心对自己的儿子表示轻蔑,因为尽管克劳迪乌斯后来当上了皇帝(以我们前文解释过的方式），但在那之前，他却受到人人鄙视，被当作身体畸形、头脑愚钝的白痴。这样一个人，作为阿格里皮娜的丈夫，在这样的一个时刻，他的表现着实让她痛苦不堪。然而她越是痛苦，布瑞赞贝尔德就越满意和开心。自然，这样的一位父亲死了，绝非灾难，而真可谓幸事。

当尼禄的母亲阿格里皮娜遵照卡利古拉的命令，被从罗马放逐出去的时候，尼禄并没有和她一起去，而是留下来由姨妈勒佩达照料。这段时间里，姨妈对他疏于管教，而他也籍籍无名。尽管他生在罗马最高贵的家庭之一，他母亲是恺撒的后人，但他却过了几年贫苦而耻辱的日子。他的教育被忽视了，因为他仅有的导师就是一位职业舞蹈教师和一位理发师，除了他们，他再没受过任何人的教诲。当然，他的品德的形成也就完全被忽视了。事实上，考虑到他周围的那些人的品质，不管他怎么努力，他也不可能受到什么积极影响。

卡利古拉死后，克劳迪乌斯把阿格里皮娜从流放地召回，并恢复了她以前在罗马的地位。尼禄也开始引起人们的关注，并从此与母亲在首都过上了奢华的生活。尼禄长相英俊，气度潇洒，很快就成了万人迷。他经常出现在娱乐、庆典等公共场合，每当他一出现，总会引起人们特别的关注。在这样的时刻，克劳迪乌斯和梅萨利纳的儿子——布瑞塔尼库斯既是他的小伙伴，从某些方面来说也是他的竞争对手。布瑞塔尼库斯比尼禄小四岁，作为皇帝的儿子，

第五章 尼禄的童年

无论他出现在哪里，自然鹤立鸡群，引人注目。但尼禄的地位几乎和他一样高，因为尼禄的母亲出生在帝王之家，而且无论是年龄，还是外貌举止，尼禄都比布瑞塔尼库斯更胜一筹。

当时的历史学家提到了一件特别值得注意的事情，其间，年轻的尼禄获得了公众非比寻常的关注和敬意。那是在庆祝所谓的百年赛事的时候。这些比赛据说要相隔很长的一段时间，大概一百年左右才能举办一次。这一百年被称作一个时代。实际上，虽然两次赛事间隔的时间很长，但长短不一。

图为尼禄头雕，现藏于罗马卡比多里尼博物馆。

克劳迪乌斯在他统治的早期，举办过一次赛事。在他之前，奥古斯都在自己的任期内也举办过一次。但是，克劳迪乌斯想通过一些大型的娱乐活动和表演，让自己的任期大放异彩，就假装奥古斯都算错了时间，在错误的时间里举办了赛事，因此，他命令再次举办赛事，并大肆庆祝。

与此节日相关的比赛和表演持续了三天，包括祭祀活动和其他宗教仪式、大型表演、体育比赛、军事操练以及剑术表演。在这些活动中，有一天举行了所谓的特洛伊比赛，这项比赛是在一个圆形剧场或竞技场上进行的。在成千上万围坐在场外的观众的注视下，名门望族的男孩们骑在马上表演马术，并模拟一场冲突。当然，布瑞塔尼库斯和尼禄是场上所有男孩中最引人注目的两个。最后，尼禄却获得了观众们的交口称赞，观众们对他报以最为热烈的掌声与喝彩，而布瑞塔尼库斯远没有尼禄那么风光。尼禄的胜出让阿格里皮娜引以为豪，乐不可支，却让梅萨利纳大为光火，恼羞成怒。要不是皇后在这之后不久因为与西利乌斯的纠葛让自己卷入麻烦，并很快死去，那么她就很有可能想办法消灭她的对手——阿格里皮娜母子。

此时，人们心中充满了对尼禄的敬慕，他们以最大的热情为他鼓掌喝彩。他曾经一度成为全罗马城各个阶层街谈巷议的焦点，很多传说都在讲述他的身世和作为。其中一个流传很广：梅萨利纳出于嫉妒，疯狂地对他施毒手并派了两名刺客趁他睡着时暗杀他。刺客们来到花园里，看到他枕着枕头睡得正香。正当他们准备执行残酷的命令时，枕头底下飞出一条大蛇，把两名刺客赶走了。显然，它神奇的现身，就是为了在关键时刻保护这个孩子。还有些人说，这件事是在他的婴儿时期发生的，并且有两条大蛇而不是一条，它们和尼禄一起躺在摇篮里，保护他的生命。当时的历史学家们，其中有一位说这些故事都不是真的，它们都源于这样的事实：当尼禄还是个小男孩的

第五章 尼禄的童年

时候，他总是戴着一副用蛇皮做的手镯，小巧玲珑，色彩迷人。根据传说，手镯用金扣环固定，戴在尼禄的手腕上。

关于梅萨利纳因为对阿格里皮娜妒火中烧，而发疯般地试图直接杀害尼禄一事，无论是否属实，但有一点是肯定的，那就是她整日惶恐不安，生怕尼禄母子对皇帝的影响越来越大。因此，梅萨利纳运用自己皇后的地位和权力，对她的敌人和对手阿格里皮娜百般侮辱。然而，最终梅萨利纳还是倒台了，从而导致整个时局、阿格里皮娜的前途发生了翻天覆地的变化，也完全改变了尼禄的地位。的确，也有这样一种可能——在阿格里皮娜和克劳迪乌斯结婚后，布瑞塔尼库斯依然会在皇帝心中保持最高的地位，因为他是皇帝的亲生儿子，而尼禄只是皇帝的继子，但阿格里皮娜手段高明，能将她怠惰、蠢笨的丈夫玩弄于股掌之间。她很快就想出办法，让尼禄取代布瑞塔尼库斯，在位次和荣誉方面成为地位最高的皇子。她建议克劳迪乌斯将尼禄收为养子，正如上一章里讲到的那样，元老院同意并批准了这一建议。然后，她让布瑞塔尼库斯从宫里搬走，将他在一个公寓里隔离起来，表面上是为了他的健康和安全着想。总之，在各个方面，她都把布瑞塔尼库斯当小孩儿看待，决不给他出头露脸的机会，而她自己的儿子虽然只比布瑞塔尼库斯大四岁，她却把他当大人看待，总是让他出现在公共场合。

古代和现代一样，有适合青少年穿戴的服饰，及至他们成年，要随之换上成年人的服饰。在古罗马时代，有着鲜明的成年人的服饰特点的袍子被称为"托加"。古罗马的青少年得到托加长袍，不像现代的年轻人换上成人服饰那么随意，并可以根据方便和个人爱好而定，而是公开的，同时伴随着繁复的礼仪，并且只有在当事人达到法定成年年龄时才能举行仪式获得托加。因此，获得托加长袍往往标志着人生中一个重要阶段的开始。阿格里皮娜通过一条特殊的法令，让尼禄在十四岁时就得到了这一殊荣，这比通常规定的年龄要早许多。阿格里皮娜借着授予托加长袍和举行成人仪式的机会，通过一种特别的方式，在一场盛大而公开的庆祝活动中将尼禄推向罗马民众面前。作为皇室最优秀的皇子，他轻而易举地引起了民众的关注。阿格里皮娜还诱使克劳迪乌斯犒赏人民和军队，其实就是以尼禄的名义，公开地给民众和士兵们发钱。

这段时间，布瑞塔尼库斯被禁锢在宫里一个私密的公寓里，与保姆和一群孩子们待在一起。他母亲梅萨利纳给他找来的导师和仆人被一个个地除掉，换上了阿格里皮娜挑选的人，他们能帮她达到目的。当那些在梅萨利纳生前曾经认识布瑞塔尼库斯的人们问起他的情况时，阿格里皮娜回答道，那孩子体质虚弱，患有癫痫，因此必须让他与世隔绝。

实际上，有时候在公开场合，尼禄和布瑞塔尼库斯会同时出现，但即便在这样的情况下，对他们的安排也会比

第五章 尼禄的童年

以往任何时候都更能让民众强烈地感觉到尼禄在位次方面的绝对优势。有一次,在这样的一个场合,布瑞塔尼库斯被打扮得像个小孩,随从也像保姆,而尼禄骑着高头大马,身着华丽的托加长袍,犹如从国外凯旋的将军。

一天,布瑞塔尼库斯因为一件不值一提的小事,惹得阿格里皮娜大动肝火。布瑞塔尼库斯尽管看似幼小,却是个非常聪慧的男孩,他很清楚继母的做法以及目的,他决不会心甘情愿地被排挤掉。一次,他和尼禄在国外参加一个公开的庆祝活动。见面后,尼禄和他交谈,直呼其名布瑞塔尼库斯,反过来,布瑞塔尼库斯也亲昵地称呼尼禄为

图为尼禄在位期间发行的银币,正面为尼禄头像,背面为和平祭坛。

多米提乌斯。多米提乌斯·阿赫诺巴尔伯斯是他被克劳迪乌斯收养之前的名字。阿格里皮娜听说这件事后,感到愤

愤不平。她认为布瑞塔尼库斯称呼尼禄以前的名字，表明他本人拒绝承认尼禄是他父亲的养子。她立刻怒气冲冲地去克劳迪乌斯面前抱怨、告状。她说："你制定的并获得元老院批准的法令，现在却被布瑞塔尼库斯否认，我儿子在人们面前被这个无礼的孩子羞辱了。"阿格里皮娜借题发挥，进一步向克劳迪乌斯灌迷魂汤，她说布瑞塔尼库斯绝对不会主动用这种方式称呼她的儿子，他之所以这么做，一定是受了他身边某些对她有敌意的人的影响。她利用这个机会，诱使克劳迪乌斯授权给她，除掉了布瑞塔尼库斯身边残余的，有可能会支持他争夺继承权的导师和随从，并把他看管得更严了。

克劳迪乌斯在位期间，为了修建运河，他决定排干富森湖。富森湖是亚平宁山脉脚下距离台伯河不远的一片大而浅的水域。湖水会定期泛滥，并淹没周围的土地。一位工程师愿意排干湖水，并想将由此多出的土地作为自己的报酬，但克劳迪乌斯似乎对这项艰巨的任务颇感兴趣，更愿意亲自完成。计划中的运河，由人工挖掘的一段深沟和穿过大山的一段隧道组成。由于那时的人们还没有掌握现在普遍使用的挖掘技术，也就是炸药爆破，因此在坚固的岩石上作业就意味着投入大量人力。运河竣工后，克劳迪乌斯决定举办一场盛大的表演，以庆祝运河开闸放水。由于他不能确定，排干湖水的壮观场面是否能够引来他想看到的大批群众，因此他决定增加更具时代特色和品位的

第五章 尼禄的童年

娱乐项目，即在运河开闸放水之前，在湖上安排一场海战，以娱乐观众。这样一来，海战就成了富森湖的闭幕式，永远地终结了它的历史和存在。

因此，人们开始建造桨帆船。接着，许多人被指定并分派到敌对的两支队伍里准备海战。这些人不是罪犯就是战俘，在当时被认为正好可以用来互相残杀，以供皇帝和他的宾客们消遣。沿着湖岸修起了一圈护墙，防止有人因为战斗太激烈，而试图登岸逃跑。皇帝的卫兵们站在护墙上，将试图逃跑的人赶回去继续战斗。由桨帆船组成的舰队被分成两大对抗阵营，两边的人员都全副武装，就像参加真正的战争一样。在指定的时间里，成千上万的群众为了观看这场盛大的表演，从四面八方纷纷赶来。他们站在湖四周的高地上。当然，这场海战会非常逼真。人们的打斗虽然会疯狂而拼命，但压根不会伤及观众，因为那时没有呼啸的子弹，或者疾如雷电、射程超出战场范围的炸弹。古代战斗中的那种你死我活，自然局限于那些近身肉搏的人们。除此之外，没有什么能影响人们的视觉感受，战斗者周围和上方的空气自始至终都是清透的，没有烟雾模糊人们的视线。

因此，真正的战斗被罗马人看作是最令人赞叹、难以忘怀的表演，数以万计的观众云集而来，观看克劳迪乌斯特意在富森湖上为他们安排的这场精彩表演。他身披盔甲，亲自坐镇指挥；阿格里皮娜坐在他旁边，穿着一件华丽的长袍,据一位历史学家所说,它完全用金线织成,没有掺杂任何其他的材料。他发出信号,战斗开始了。在这种情况下,像往常一样,一开始很难让罪犯和战俘们交战,但他们最终会变得足够凶猛残忍,满足所有观众的感官刺激。最后,有好几千人被杀,皇帝下令结束战斗。幸存者被告知,皇帝赦免了他们的罪过。

总之,对克劳迪乌斯来说,他是幸运的,因为他并没有完全依赖运河开闸放水这一景观来娱乐他召集到此的大批群众,因为战斗结束后,人们发现,运河虽然开闸了,湖水却并未流出。技术人员在测量或计算时出了差错,致使运河的河床在某些部分过高,以至于当闸门打开后,湖水并未像人们期待的那样流进运河,而是像往常那样静静地留在湖里。

人群散开后,加深运河的工作继续进行。一年后,挖掘工作完成,一切准备就绪,等待新的检验。克劳迪乌斯重新召集了一批群众来见证这一时刻。这次不再进行海战,而是准备了一场大型的格斗比赛。工程技术人员在运河出口附近的湖面上建造了漂浮的巨型平台,比赛就在这些平台上进行。然而最后,第二次让水流出的尝试被证明比第一次更加失败。河道被挖得又深又宽,以便湖水能源源不断、汹涌澎湃地流出。后来情况也的确如此,但工程技术人员用来控制水流的方法根本不足以控制局面。当闸门打开后,所有的一切转眼之间都垮掉了。滔滔洪流势不可当,

第五章 尼禄的童年

奔涌而出,冲垮并冲走了表演用的舞台和搭建起来用于观众席的看台。紧接着,难以用语言描述的混乱与骚动发生了。皇帝和皇后,宾客与观众,一起仓皇逃离,险些被洪水冲进运河。

尼禄从小生活在克劳迪乌斯的宫廷之中,在充满腐朽、虚荣和阴谋倾轧的环境里长大,我们不难想象一个男孩子会形成什么样的性格。结果证明,尼禄受到许多不良的影响,他变得骄傲自负、刚愎自用、心肠毒辣、放荡不羁。在那样的环境下,那些邪恶的癖好总会控制人的精神。

大家应该记得,除了布瑞塔尼库斯,梅萨利纳还留下了一个女儿,名叫奥克塔维娅,她比弟弟大不到两岁,当然也就比尼禄小不到三岁。阿格里皮娜对她并不像对她弟弟那样充满敌意与仇视,因为从一开始阿格里皮娜对她就有完全不同的计划和安排。布瑞塔尼库斯必然是尼禄的对手和竞争者,他想要提前采取的措施都不能实施,否则就会阻碍尼禄的成功。但是奥克塔维娅,正如阿格里皮娜想的那样,可以被利用,通过许配给自己的儿子,并在合适的时候给他们完婚,能进一步帮助她实现自己的目标。

这一阴谋的好处如此显而易见,以至于阿格里皮娜在很早的时候,甚至在她和皇帝还没有完婚之前就盘算好了。只有一个障碍,那就是奥克塔维娅已经许配给了一位尊贵的年轻贵族,名叫鲁西乌斯·西拉努斯。阿格里皮娜运用各种手段和花招,最终赢得了充当法官的公务人员的支持,并指使别人控告西拉努斯犯了伤风败俗的罪过。历史学家们说,虽然控告他的证据都是微不足道的,但他依然被判了刑。他明白自己为何突然会招来如此强烈的敌意,立刻对自己的处境感到绝望。就在阿格里皮娜和克劳迪乌斯大婚的那个晚上,他在绝望中自杀了。

  此后,皇后就顺风顺水地完成了自己的计划。她获得了皇帝的同意,给奥克塔维娅和尼禄订了婚,但他们太小还不能结婚,婚礼便被推迟了几年。最后,当阿格里皮娜和皇帝完婚之后,又过了五年,奥克塔维娅和尼禄成婚,尼禄当时不到十六岁,新娘不到十四岁。

第六章

皇帝尼禄

精彩看点

克劳迪乌斯抱恙——阿格里皮娜欢欣——她的阴谋——尼禄得到了很高的评价——阿格里皮娜认为自己有危险——她担心的理由——克劳迪乌斯和布瑞塔尼库斯——阿格里皮娜计划加速丈夫的死亡——露卡丝达——阿格里皮娜决定向她咨询——露卡丝达的毒药被用在克劳迪乌斯身上——毒药无效——新的计划——羽毛——医生下毒——克劳迪乌斯驾崩——阿格里皮娜隐瞒丈夫的死亡——她的措施——她的伪装——她宣布尼禄为皇帝的计划——赛内加和布鲁斯——赛内加的履历——对布鲁斯的记述——他的军衔——禁卫军团——阿格里皮娜的计划——尼禄被立为皇帝——他给军队的许诺——他被尊为皇帝——普遍默认他的帝位——阿格里皮娜让儿子当皇帝的真正意图——庄严的葬礼——尼禄的演讲——颂辞——元老院被召集——尼禄的就职演讲——他深得人心的承诺——元老院非常满意——阿格里皮娜获得实权——大臣们的不满——一件小事——在会客大厅接待阿格里皮娜

第六章 皇帝尼禄

大概在奥克塔维娅和尼禄结婚一年后,皇帝克劳迪乌斯就病倒了。听到这个消息后,阿格里皮娜既激动又高兴。她想,如果皇帝病死,她的儿子就能立即继位。她费尽心思,精心安排,为的就是这个结果,而现在万事俱备,只等皇帝驾崩。

尼禄的确还很小,但那时对于一个像他那般年纪的人来说,他的身心都显得异乎寻常的成熟,人们也已经习惯了拿他当大人看。为了让儿子看上去更加成熟,更加有男子汉气概,阿格里皮娜用了很多方法,其中包括让他去罗马广场演讲。他在那里做了好几回演讲,都非常成功。由于他在演讲艺术的学习中得到了很好的指点;还因为他长相俊朗,魅力无穷,举止得体,气度不凡,表情生动,聪慧伶俐;尤其是他的能力让他充满自信,从而显得沉着冷静,泰然自若,因此,他给大家留下了良好的印象。事实上,人们更愿意对地位和身份如此显赫的一位年轻演说

图为罗马广场遗址,卡纳莱托绘于 1742 年。

第六章 皇帝尼禄

家的努力以及他所展示的能力表示满意与赞赏，尽管他还如此年轻，但从某种程度来说，根据他的表现来看，他们给他的赞誉是理所应当的。

因此，想到儿子现在在公众的心目中还远不能确保有朝一日能成为皇位的继承人，阿格里皮娜就随时等待丈夫的死亡。所以，他的疾病让她激动不已，充满希望。她除了野心勃勃地想让儿子继承皇位，还有一个动机让她盼着克劳迪乌斯赶紧死去。好几个月来，她一直对自身的安全隐隐感到担忧。她对克劳迪乌斯的控制起初是绝对的和至高无上的，后来却逐渐减弱了。她担心对他的控制过不了几个月就会完全失去。事实上，她有理由相信，克劳迪乌斯心里对她暗生恨意。为了使自己亲生儿子取代尼禄，并恢复他应得的显赫地位，他正在反复考虑夺去她和她儿子的权势，就像从前那样把他们贬为庶人。阿格里皮娜心怀野心勃勃的计划，背地里也干过很多丧尽天良、罪不可赦的勾当。她常常感到内疚和自责。现在任何小小的危险的暗示都会让她恐惧不已。有人告诉她，一天当克劳迪乌斯谈到一个被定罪的女人时说，他很不幸娶到行为不检点的妻子，但他最终会让她们受到应得的惩罚。听到这样的话，阿格里皮娜吓坏了。她认为这是克劳迪乌斯对她的警告，他正在考虑对她采取致命的行动。

正如她想的那样，她观察到很多迹象，都表明克劳迪乌斯开始后悔收养尼禄作继子，从而养虎为患，夺取自己亲生儿子的皇位继承权，他正秘密地试图恢复布瑞塔尼库斯应有的地位。他对这个孩子越来越关注，有一次，与他交谈并对他的健康和幸福表示了不同寻常的关心之后，最后他说道："继续努力，孩子，尽快长大成人。等到时机成熟，我会把我所做的一切好好地解释给你听。相信我，最终你会发现一切都会好起来的。"还有一次，他告诉布瑞塔尼库斯很快就会授予他托加长袍，并把他当成一个成年人带到大家面前。他说道："然后，罗马人终于有一个真正的王子了。"

　　实际上，当他说这些话的时候，阿格里皮娜并不在场，但他的一举一动都会及时详细地传到她的耳朵里，她心里充满了焦虑和恐慌。她开始担心，除非很快发生什么能让她实现梦想与期待的事情，否则一切最终都会化为痛苦与失望的泡影。当时的情况就是这样，当阿格里皮娜听到丈夫生病的消息，心里别提有多高兴了。她热切地盼望他早死，并立刻开始考虑她能做什么，以确保或加速这一结果。她想到了下毒，并开始盘算自己敢不敢这么做。如果她决定给丈夫下毒，那用什么样的毒药则是一个非常严肃的问题。如果她用一种烈性的致命毒药，它产生的效果可能会引起注意，她的罪过就会被发现。如果她用一种性质更温和、效果更缓慢的毒药，以便他慢慢地、不知不觉地死于非命，那他就有时间可以实施秘密的计划，不承认收养了尼禄，而把布瑞塔尼库斯确定为皇位继承人。阿格里皮娜

第六章 皇帝尼禄

心知肚明，如果克劳迪乌斯死了，让布瑞塔尼库斯继承了皇位，她本人和她儿子的倒台和毁灭就会立即不可避免地相继发生。

当时在罗马，有一位著名的用毒高手，名叫露卡丝达。她由于犯罪而被判了死刑，目前正在坐牢。尽管她已经被判了刑，却因为阿格里皮娜的影响而一直没有执行，因为她拥有用毒的技巧和绝活，阿格里皮娜想着有朝一日她可能会派上用场。现在阿格里皮娜决定去咨询露卡丝达，问她是否知道有什么毒能对大脑和思维产生奇效，以便让病人立刻停止所有的思维活动，而让身体的功能慢慢地丧失。露卡丝达给了她非常肯定的回答。这样的人往往会向他们的顾客提供可能会用到的任何药物。于是，她调了一剂，说它就是阿格里皮娜想要的那一种。阿格里皮娜从她手里接过毒药，转身离开了。

然后，阿格里皮娜去找伺候皇帝，给他端送食物的仆人哈鲁图斯，设法引诱他给皇帝下毒。哈鲁图斯是皇帝的所谓的"品尝员"，也就是说，他的职责就是当他把每一种食品和饮料端给皇帝之前，自己先要品尝一下，最直接的目的就是确保食物无毒。然而，显然会有很多方法避开这样的预防措施。这一次，阿格里皮娜和哈鲁图斯计划将毒药下在一盘端给皇帝当晚餐的蘑菇里。品尝员通过某种巧妙的安排，能够避免食用任何有毒的菜品。计划完成后就付诸实施了。皇帝吃了蘑菇，阿格里皮娜战战兢兢地等待结果。

然而，毒药的效果让她感到失望。是露卡丝达调配的毒药效力不够，还是哈鲁图斯太紧张而没能有效地把毒药下进皇帝的饭菜里？总之，皇帝后来好像还和以前一样——依然病怏怏的，但并没有出现新的或更危重的症状。当然，阿格里皮娜心里七上八下，忧惧不安。虽然试图毒死自己的丈夫必然会招来内疚和危险，但她已经没有退路了。她想，开弓没有回头箭，现在无论如何都要冒险将已经开始的事情进行到底。她立刻开始想方设法带着毒药接近皇帝。这次将完全避开品尝员，这样一来，品尝员就不大可能出于对主人的忠诚或自己的恐惧而对她横加干涉。因此，她去找太医，想办法获得他们的支持。他们制定了一个计划，证明对实现她的阴谋非常有效。他们是这样设计的：当皇帝病怏怏地躺在沙发上，正在伤心忧虑时，太医来到他面前，建议他张开嘴，然后用一片羽毛的顶端轻触他的喉咙，促使他呕吐。太医们会说，这会减轻皇帝的病痛。羽毛之前被浸泡在致命的毒药里。皇帝同意了这种疗法，这次毒药见效了，克劳迪乌斯度过了痛苦的夜晚，凌晨便一命呜呼了。

当然，当克劳迪乌斯停止了垂死的挣扎，阿格里皮娜很满意他的生命终于消逝了。那一刻，她体验到从未有过的满足和放松。我们或许会以为，犯了罪的尽管不再焦虑担忧，但悔恨与自责带来的痛苦会如影随形。事实却并非

第六章 皇帝尼禄

如此。阿格里皮娜还有很多事要做，她已经做好了充分的准备，承担危机带来的所有责任。下毒在夜里实施，药性发作是在天刚破晓的时候，丈夫的死发生在清晨。阿格里皮娜立刻意识到，要达到她计划好的目的，最有效的方法就是不能让宣布皇帝驾崩和让儿子继位这两件事情之间有时间差，换句话说，就是这两件事情必须同时进行。因为如果先宣布皇帝驾崩，罗马人自然会讨论皇位是由尼禄还是布瑞塔尼库斯继承，结果可能会形成一个强烈要求立布瑞塔尼库斯为新皇帝的强大党派。因此她决定，隐瞒丈夫死亡的消息直到正午，此时最适合公开宣布大事：养父驾崩，养子继位。

于是，阿格里皮娜立刻采取果断的措施，封锁皇帝驾崩的消息。在皇帝身边伺候的贴身奴仆实际上不容易被欺骗，但他们被要求对所发生的事情保持沉默，继续服侍皇帝，就跟皇帝活着的时候一样。来访者被拒之门外。传令兵带着沐浴用品、药品和其他一些用品出出进进，这些东西都是病房里可能会用到的。早上，元老院的元老们被召集到一起，阿格里皮娜似乎非常悲痛，给他们捎信，告诉他们丈夫生命垂危，恳求他们与罗马城主要的市政官员和祭司一起为皇帝的康复发誓、祈愿、供奉。而与此同时，她自己则在皇宫里，从一个房间走到另一个房间，看上去似乎承受着无限的焦虑与悲伤。她一直把布瑞塔尼库斯和他的姐妹们带在身边，慈爱地把这个男孩搂在怀里，告诉

▎尼禄▎

他她对他父亲的安危忧心忡忡。她把他带在身边，其实是为了防止那些拥护布瑞塔尼库斯继位的人在得知皇帝驾崩后，可能会把他带走，并送到军营里去。为了进一步防止这种可能，阿格里皮娜在皇宫周围安排了一队卫兵，命令他们严密把守通往皇宫的所有道路和出口。她精挑细选的这支卫队，是她认为自己能够完全依靠的。她在皇宫里的时候，工兵们可以并保护她；当她出来宣布皇帝驾崩的消息时，由他们宣布尼禄继位。

最后到了正午，阿格里皮娜感到时机成熟了，就把布瑞塔尼库斯和他的姐妹们送到皇宫中一个安全的房间里监管起来。然后她命令打开宫门，准备出来宣告皇帝驾崩的消息，并把尼禄作为他合法的继承人推到军队和罗马民众面前。在这些准备工作中，有很多官员和随从支持和帮助她，其中有两个人——她决定等尼禄继位后，让他们做他的左膀右臂。他们就是赛内加和布鲁斯。赛内加担任首相，布鲁斯担任最高军事统帅。

这两个人长期以来为阿格里皮娜和尼禄服务。赛内加现年已经五十多岁，他是一位非常杰出的学者和雄辩家，他那汗牛充栋的作品让他流芳百世。卡利古拉执政期间，他开始去罗马广场作公众发言人。卡利古拉逝世后，克劳迪乌斯上台，在他执政的第一年，赛内加惹恼了皇帝，被流放到科西嘉岛，在那里默默无闻地过了八年。后来，当梅萨利纳被处死，皇帝娶了阿格里皮娜，赛内加才在阿格

第六章 皇帝尼禄

里皮娜的干预下，获得赦免并被召回罗马。从那以后，他就对皇后和她的儿子忠心耿耿。阿格里皮娜任命他为尼禄的导师，授权他负责尼禄的所有学习任务，把他培养成为一名合格的公共演说家。既然现在她试图扶植儿子登基，就打算让这位哲学家作他的首相。

布鲁斯是卫队指挥官，或者按照当时对他的职位的称呼，叫禁卫军长官。卫兵的职责就是专门服侍、护送或保卫皇帝，由10个步兵大队组成，每一个步兵大队大约有1000人。禁卫军的士兵们当然都是从全军挑选出来的，他们的武器、军装和其他行头的成本高昂，他们是世界上最威武的军人。他们的津贴是普通士兵的两倍并享有特权。他们接受严格的训练，对当政的皇帝绝对服从，忠贞不贰。当然，这样的一支军队会被其他军队高看一眼，因为它在地位和报酬方面跟普通的军队相比具有绝对的优势。指挥它的主帅也比其他军队的指挥官地位更高，可谓一人之下，万人之上。阿格里皮娜利用自己对皇帝的影响力，设法将布鲁斯提拔到这个高位。他以前就是阿格里皮娜的拥护者。通过阿格里皮娜得到这一任命后，布鲁斯对她更是披肝沥胆。现在，阿格里皮娜依靠布鲁斯控制禁卫军，支持她的儿子。

因此，到了克劳迪乌斯去世的那天正午，当一切准备就绪，宫门大开，阿格里皮娜在布鲁斯和其他随从的陪伴下，带着儿子走了出来。那一天当值的禁卫军大队全副

图为罗马帝国时代的禁卫军士兵雕像,现藏于罗马博物馆。

第六章 皇帝尼禄

武装地在宫门口列队待命。布鲁斯把尼禄作为克劳迪乌斯的继承人带到他们面前，在他的暗示下，他们群起高呼万岁。少数士兵并没有加入欢呼，而是冷眼旁观，然后相互询问布瑞塔尼库斯怎么办。但是没人能回答这个问题，由于没人站出来要求布瑞塔尼库斯继位或为他说话，整支禁卫军大队最终默认了在布鲁斯的煽动下由大多数人做出的决定。有人抬来一个肩舆，让尼禄坐在上面。他就这样被士兵们抬着穿过罗马的街道，在禁卫军大队的护送下，来到了军营。队伍行进途中，士兵们和民众欢呼雷动，热闹非凡。

当队伍到达军营，尼禄被引领到军队面前。军官和士兵们聚集到他周围，他做了一个简短的演讲，是赛内加专门为他在这一场合精心准备的。这次演讲的重点是许诺发放一大笔钱，正是靠着这一承诺，才有望获得军队的支持。士兵们在任何新皇登基时，总会期待这样的一次赏赐。但这次，为了抑制任何潜在的对他继位为皇帝表示反对的敌对情绪，尼禄许诺要发放相当大的一笔钱。受这一承诺的影响，士兵们非常高兴，异口同声地高呼万岁，尊尼禄为新皇帝。稍后，元老院召集会议，确认了军队的选择，这一方面是受被阿格里皮娜买通或拉拢以支持她的几个重要成员的影响，一方面是由于人们普遍相信布瑞塔尼库斯不可能成功地继位。当首都的政局发生变化的消息慢慢传遍意大利和帝国更远的地方，各行省、各军团一个接一个地默认了这一结果。因为一方面，他们没有强烈的反对动机；另一方面，单个军团也没有力量做出有效的抵抗。就这样，年仅十七岁的尼禄成了几乎控制半个世界的罗马皇帝。

然而，儿子独自掌握如此大的权力，这绝不是阿格里皮娜的初衷。她用计谋、耍花招把尼禄推上如此高位，是为了实现个人的野心，而远非母亲对儿子前途的着想。是她要统治帝国，而不是他。她只是把他作为名义上的君主推向前台，以便她能以他的名义行使权力。她的计划是要保证她自己的权势。通过如此安排和引导事态的发展，小皇帝本人反倒几乎无事可做了，他实际上成了摆设。政府的职责都被各级官员履行，他们由阿格里皮娜亲自任命或维持原职。由于他们知道要靠阿格里皮娜的影响才能升官，自然对她惟命是从。她想，尼禄少不更事，很容易就能让他默认这样的安排，尤其是当他沉溺于玩乐时。无论这些享受是正当的还是不正当的，作为皇帝，他都有权得到，而且这些享受对于他这种性格和年龄的人来说又极具诱惑。

阿格里皮娜所做的第一件事就是为克劳迪乌斯举办一场规模盛大、令人难忘的葬礼，以此证明她对丈夫深深的爱，以及他的逝世给她带来了多么深切的悲痛。这场葬礼的准备工作广泛而又充分。葬礼当天，罗马城举行了盛大的仪式，并组织了浩浩荡荡的送葬队伍。据说，类似这样的景象和场面是史无前例的。在葬礼的过程中，尼禄向聚

第六章 皇帝尼禄

集到一起的民众宣读了一篇由赛内加执笔的悼文，这是一篇对逝者歌功颂德的华丽的颂辞，文章妙笔生花，字字珠玑：从他显赫的出身、崇高的地位，写到他对文学艺术的品位以及在他当政期间的国泰民安。要为一个像克劳迪乌斯这样的人写一篇颂辞，事实证明这的确不是一件容易的事，但赛内加驾轻就熟地完成了它，在这样庄严的时刻，民众们严肃地倾听着，直到最后，当演说家尼禄开始讲到克劳迪乌斯的判断力和政治智慧时，听众们发现自己再也无法保持庄重得体的形象了。他们先是相视无言，接着忍俊不禁，最后哄堂大笑。尽管年轻的演说家因为此时被打断而感到有些窘迫，但他很快就恢复了镇静，完成了他的演讲。

葬礼结束后，元老院集会，尼禄出现在他们面前，做就职演说。这篇演说稿不用说，自然也是赛内加在阿格里皮娜的授意下为他准备的。经过反复而缜密的考虑，阿格里皮娜确定了最为明智的发言内容。她清楚地知道，除非她儿子的权力得到确立与巩固，否则他就得夹起尾巴做人，也就是要装出一副谦虚谨慎的样子，对元老们表示倚重，并对他们的权力和特权表示尊敬。因此，尼禄在元老院的发言中说道，为了显示君王的气度，他同意遵从他的父亲，也就是先皇的意志，倾听军队的普遍要求，尊重人民的普选权。他不会乱用权力，而是要授权给元老院以及罗马的各级民政官员们。他认为自己仅仅是帝国军队的统帅，因此,他的职责是执行国家的意志。同时他承诺对政府机构进行彻头彻尾的改革,旨在进一步减少君主的权力,并保护人民免受军事力量的压迫。总之,他说革新并简化政府机构使之恢复原有的廉明公正,并依照原本由帝国的缔造者制定的罗马宪法的原则进行严格的统一管理,这是他的既定目标。这样,尼禄对元老院做出的承诺和宣扬的主张,或者更确切地说,他遵照他母亲和赛内加的口授而向元老院背诵的承诺和主张,让所有听众感到极大的满意,而让所有反对他继位的人都大失所望。当阿格里皮娜发现自己成功而圆满地实现了所有的目标时,她终于卸掉了紧张,笑逐颜开了。

尼禄的权威就这样得到了普遍的认可。阿格里皮娜开始紧锣密鼓地采取一系列措施确保所有实权掌握在自己手中,仅给儿子留下一个皇帝的空头名号。她与他出现在所有公共场合,与他共享皇帝的仪仗和印玺,似乎他们在皇权方面也是共享的。她接收急报,批阅并回复奏折。她考虑并决定国家大事,发布命令。她通过武力或下毒,将几个她认为有可能支持和袒护布瑞塔尼库斯,或者至少秘密地支持他继位的极具影响力的人处死。要不是赛内加和布鲁斯施加影响,极力阻挠,她可能还会通过这种方式杀害更多人。她通常都是以尼禄的名义,以一种谨慎而秘密的方式做这些事情,以便一开始不会因为明目张胆而引起别人对她的注意。她知道,如果太过分,就会招来人们对她

第六章 皇帝尼禄

的抵制和反对。因为罗马公众的情绪总是极力反对男人以任何形式屈从于女人的管理,简而言之,就是反对女人干预政治。因此,阿格里皮娜并没有公开地在元老院主持会议,但她有时候会将元老院的会议安排在皇宫的一个房间里召开,这样她就能够参加。在会议期间,她坐在隔壁的一个小房间里,门口用帘子或屏风隔开,听他们讨论,这就是所谓的垂帘听政。然而即便如此,她也遭到了一些元老的强烈反对。他们认为阿格里皮娜如此安排,列席他们的会议,目的是想吓唬他们,让他们支持她可能会提出的措施,或者对他们的提议指手画脚。她这么做严重地妨碍了他们议政的自由。有一次,阿格里皮娜做出了更大胆的尝试,她走进了皇帝接见外国使节的大厅,好像接见他们也是她的职责之一。当她的皇帝儿子和他身边的政府官员看到她进来,一时间惊讶不已,竟然不知道该怎么办了。然而,赛内加沉着冷静地对尼禄说:"陛下,您的母后大人驾到,快去迎接。"于是,尼禄起身离开龙椅,在大臣们的陪伴下恭敬顺从地前去迎接他的母亲。当阿格里皮娜待在那里的时候,

图为尼禄像,亚伯拉罕·詹森绘于 1620 年。

在场的所有人的注意力都集中在她一个人身上，就像是对待一个无比尊贵、受人敬重的客人似的。他们被召集起来商讨的国家大事，因为她的缘故反而被暂时停了下来，直到她离开他们才又继续。

尽管偶尔会出现类似的困难和尴尬，但一切都按照阿格里皮娜的希望和计划顺利进行。尼禄年少无知，起初并没有阻挠或抵制他母亲的行为的倾向。然而，随着他渐渐长大，他很快怨恨起她对他的控制与管束，开始擅自做主，独断专行。我们不难想象，如此一来，母子之间为了争夺权力，必然会发生激烈的冲突。他们的冲突及其终结将会在接下来的两章中讲述。

第七章

布瑞塔尼库斯之死

精彩看点

尼禄和阿克提——阿格里皮娜义愤填膺——奥索和西奈西乌——尼禄的大臣们不知所措——他们决定默认尼禄的新宠——阿格里皮娜恼羞成怒——她猛烈抨击——她再次平静下来——阿格里皮娜改变了策略——尼禄拒绝了母亲的好意——他对母亲的态度——他送给母亲珠宝作为礼物——阿格里皮娜怒不可遏——尼禄决心压制他的母亲——他的计划——帕勒斯被免职——帕勒斯的离去——阿格里皮娜愤怒的指责——她的威胁——她宣称会让尼禄下台——这些威胁潜在的意义——"谁该当王?"的游戏——尼禄给布瑞塔尼库斯下达的命令——布瑞塔尼库斯唱的歌谣——尼禄决心毒死布瑞塔尼库斯——波利乌和露卡丝达——第一次计划失败——再次尝试——再次准备——下毒的方式——布瑞塔尼库斯死亡——阿格里皮娜黯然神伤——毒药产生的效果——补救方法——布瑞塔尼库斯的葬礼——暴风雨——尼禄的公告

第七章 布瑞塔尼库斯之死

在阿格里皮娜发现尼禄偷偷地不合规矩地迷恋上一个名叫阿克提的年轻宫女时，母子之间的第一次公开冲突爆发了。阿克提原是来自小亚细亚地区的一个奴隶，极有可能是由于她的美貌，在那里被人买来送到了罗马皇后。随后她获得了自由，但依然留在宫中，成了阿格里皮娜的侍女。尼禄从来没有深爱过奥克塔维娅，他总认为自己的婚姻只是母亲的政治手段之一；他觉得自己不必对妻子负任何责任；再说了，尽管他看上去异乎寻常的成熟，但实际上他还只是个没长大的孩子，过惯了穷奢极欲、淫逸放纵的生活。

这位年轻的皇帝，此时与几个浪荡公子混在一起。受他们的影响和教唆，他开始走上腐化堕落的歪路。其中有两个恶贯满盈的年轻人对他的影响极大，他们是奥索和西奈西乌。奥索出身名门望族，在罗马有很高的社会地位，而西奈西乌出身低贱，他的父亲是一个被解放的奴隶。然

图为奥索像,提香绘。

第七章 布瑞塔尼库斯之死

而，这三个地位悬殊、年龄相当的小伙子，放浪于形骸之外，无法无天的程度不相上下。他们厮混在一起，追求享乐放纵、淫逸邪恶的生活。尼禄把他们当成心腹，把自己深爱阿克提的事情告诉他们。从很大程度上来说，在他们的帮助和配合下，他最终才达到了自己的目的。

当赛内加和布鲁斯得知尼禄迷恋阿克提以及他们之间的私情后，他们起初非常困惑，感到不知所措。他们本身就是德高望重、品质高洁的人。尼禄曾经是他们的弟子，现在身为他的大臣，从某种程度来说，他依然受他们的管束。一方面他们想，对他所做的事情加以告诫，努力将他与那些臭名昭著的同伴分开；如果有可能，说服他回到奥克塔维娅身边，这些都是他们的职责。然而另一方面，他们都认为，无论他们做出任何努力，想要控制像尼禄这样一个狂放不羁、胆大包天的人，一定是徒劳无功的。他们想，即便没有阿克提，他也必然会沉迷于其他放纵与恶行。这么看来，他与阿克提的私情也算不上什么大不了的事情，总的来说，他们决定顺其自然，不予干涉。

然而，阿格里皮娜却不想就这么算了。当她慢慢了解到儿子对阿克提的迷恋，她感到非常不安和惊慌。但她的不安和惊慌并非出自任何母亲对儿子的牵挂与担忧，希望他成为一个道德高尚的人，而是源于对自己的权力的担忧。她担心受到皇帝宠爱的阿克提会获得优势和影响力，从而使她失去实权。她心里明镜似的，有时候，一个受皇帝宠爱的女人，她的控制力和影响力是无法估量的，自己的地位有可能会被阿克提取代，权势有可能会被她夺走。一想到这些危险，阿格里皮娜就胆战心惊。

阿格里皮娜脾气暴戾，飞扬跋扈，长久以来习惯了用高压手段管理身边的人们。现在，她没有考虑到尼禄已经长大成人了，不能再把他当小孩子看待了，而是立刻对他进行了最为严厉的谴责并要求他马上断绝与阿克提的关系。尼禄强烈反对，断然拒绝服从她的命令。阿格里皮娜被激怒了，整个皇宫都回响着她的抱怨与咒骂。她指责尼禄卑鄙无耻，对她忘恩负义。她说为了让他当上皇帝，长期以来她做了不懈的努力与无私的牺牲。他不思报答，现在反而把对她的信任转移到了这个小贱人身上；还指责他对奥克塔维娅的不忠，抛弃自己合法的妻子，去和一个被解放的奴隶交往。阿格里皮娜的这些斥责极为严厉。她不停地责骂，暴跳如雷，咆哮怒吼——这显然是在丧失理智、情绪失控的冲动之下才会有的行为。她的确丧失了理智，因为她这种做法显然与她既定的目标背道而驰。

最后，当她的情绪平静之后，她开始反思，就像人们从暴怒中恢复过来常常会做的那样，想到自己这么大发雷霆只会给自己追求的目标带来不幸和灾难。这么一想，她的气就消了一大半，高声叫骂也就慢慢地变成了低声嘟哝和喃喃自语。最后，她完全安静并沉默下来。她决定不再毫无意义地、吵吵闹闹地乱发脾气，而是平心静气地考虑

第七章 布瑞塔尼库斯之死

怎样做才最好。

她很快便做出决定,对她来说,最明智、最讲究策略的做法就是投儿子之所好,通过支持和帮助让他心满意足,从而努力确保自己对他的支配。因此,她逐渐改变了对他说话的语气,开始对他用亲昵娇惯的称呼。她说,毕竟在他这个年纪,情爱是非常自然的事情;他的高位为他免除了一些强加给普通人的责任和义务。她还说,阿克提的确是个漂亮的女孩儿,所以尼禄喜欢她,她并不会感到吃惊;他放纵的爱情事实上伴随着困难和危险,但是如果他把这件事交给她来安排,她就能采取预防措施,一切都会顺利进行。她为自己当初那么激动而道歉,并解释说自己是因为担心儿子未来的幸福与快乐,出于一位母亲常常会有的对儿子喜欢的女人的嫉妒和防备,这才火冒三丈。而且她说道,她现在很高兴与他看法一致,并愿意助他一臂之力。她把自己在皇宫里的一幢私人公寓给他使用,以便他能和阿克提在此幽会。她说通过这样的安排,加上她预先采取的措施,他就能随时和心上人见面,而不会被打扰,也不会有危险。

尼禄自然把母亲的这些话都跟他的心腹说了,他们自然建议他千万不要相信这些话,也不要以任何方式信任她。他们说:"这都是她想让你乖乖听话而耍的花招,任何有勇气、有自尊的小伙子,都不会屈辱地接受母亲的掌控。"这个年少的浪子听了同伴的建议,拒绝了母亲给他的提议。

图为尼禄和他的母亲阿格里皮娜雕像。

第七章 布瑞塔尼库斯之死

他继续与阿克提交往,但是尽可能地避开他的母亲。

然而,如果有可能,他还是希望避免与母亲公开争吵,所以他努力在行为举止方面对她表现出关切与敬重,但有关阿克提的事情他却不愿再相信她。然而,这些泛泛的关心不足以让阿格里皮娜感到满意。阿克提的影响才是她所担心的,她清楚地知道自己的权力正面临被削弱、被剥夺的迫在眉睫的危险,除非她能找到办法把儿子与阿克提控制在自己手里。于是,尼禄和母亲之间短暂的平静似乎只是休战而不是和平,但这种休战状态最后突然被尼禄做的一件事情中止了,他原本是想通过这件事对她表达和解的美意,没承想弄巧成拙。结果证明,这件事的确又一次让阿格里皮娜暴跳如雷,而且比上一次发作得更激烈。

罗马皇宫里珍宝无数。除此之外,似乎还有一大衣柜成本高昂的女装和饰品,适合皇帝的母亲和妻妾们穿戴。尼禄想从这些收藏品中挑出一些作为礼物送给母亲。最后,他选了一件华美的礼服以及大量的珠宝首饰送给阿格里皮娜。然而,这些礼物并没有让她感到高兴,而是把它们看作对自己的冒犯。长期以来,她已经习惯了把自己看成是皇室最重要的人物,以至于她认为所有这些东西都理所当然是属于她的。因此她认为,尼禄这么正式地送她一小部分珠宝,这种做法是很不合理的,也是很无礼的;是有意要告诉她,他认为剩下的珠宝都是他的个人财产,因此只能由他来支配。因此，她对尼禄的馈赠并未感到满意，而是又一次被激怒了。她对尼禄的痛骂被人原原本本地报给了皇帝。它们重新燃起了他心中的愤怒与憎恨，因此，母子感情的裂隙比以往更深更宽了。

事实上，尼禄心中清楚，如果他想得到的不光是权力的空壳，那他就必须立刻采取有效的措施浇灭母亲专横跋扈、野心勃勃的气焰。经过反复思忖与盘算之后，他最后决定，对他来说有可能采取的最果断的措施就是罢免一位名叫帕勒斯的官员，他是多年以前通过阿格里皮娜进入官场的，现在成了她行使政治权力的主要代理人。帕勒斯是财政部长，他通过管理国家财政而积累了巨大的财富。有一次，当克劳迪乌斯抱怨财政吃紧、国库亏空时，有人回答道，如果他能说服财政部长捐献自己部分财产的话，他很快就会变得足够富有。

正如前面说过的那样，帕勒斯起初是在阿格里皮娜的帮助下才步入仕途的，他过去一直是阿格里皮娜在所有政治阴谋中的主要依靠。为了促成她与克劳迪乌斯的婚姻，他起到了非常积极的作用，并在所有后续行动中与她联手。尼禄认为，帕勒斯现在是母亲主要的支持者和同盟者。因此，尼禄决定免去他的官职。为了说服他乖乖地退休，也为了息事宁人，尼禄同意不调查他的财产状况，但一切都应被双方看成是公平的而且不能反悔。帕勒斯接受了这个建议。在整个为官的生涯中，他一直过得辉煌灿烂。现

第七章 布瑞塔尼库斯之死

在卸任了,他离开了皇宫。他还带着一大群随从和有一定规模的仪仗,这引起了普遍的关注。民众认为,就尼禄而言,这件事宣告了从此以后,将由他本人而不是他母亲掌握国家大权。这样一来,阿格里皮娜一下子感到她在公众心目中的地位一落千丈了。

当然,她又一次被激怒了。尽管完全无力抵抗,但是她在皇宫里怒气冲冲地来回走动,高声指责叫骂,发泄着怨恨与怒火。

在她大发脾气的过程中,她言辞激烈地痛斥她的儿子,用她自己的话说就是他残酷无情、忘恩负义。她说他能当上皇帝全是她的功劳。这么多年来,她不断地努力,做出了最大的牺牲,甚至犯下了十恶不赦的罪过,才把他扶上皇帝的宝座。现在,他一当上皇帝,屁股一坐稳,就立刻卑鄙无耻、忘恩负义地反对曾经帮扶过他的人。她说,尽管他以为自己已经坐稳了江山,但她会让他知道,她的权力还是会令人畏惧的。布瑞塔尼库斯还活着,毕竟他才是合法的继承人。既然她的儿子证明自己不值得为他做出努力和牺牲,她就决定立刻采取措施,把她当初不公正地从布瑞塔尼库斯手里夺走的东西还给他。她打算把与尼禄继位有关的所有黑幕昭告天下。她会告诉人们,她是凭借什么手段才成功地嫁给克劳迪乌斯为妻,尼禄又是怎样才被克劳迪乌斯收养并被立为继承人的。她会承认自己谋杀了克劳迪乌斯,以及她为了自己的儿子又是如何篡夺皇位的。

如此一来，尼禄就会被废黜，布瑞塔尼库斯就会继位。那么，尼禄对母亲做出的忘恩负义、背信弃义的无耻的行为就会遭到报应。她宣布，她将立刻实施这一计划。她会把布瑞塔尼库斯带到军营里，以他的名义号令军队。布鲁斯和赛内加也会响应她的号召，她那忤逆不孝、背信弃义的儿子就会马上脱袍退位。

然而，阿格里皮娜的这些话，并不是她头脑清醒时真正想说的心里话，而是在这种情况下，被狂怒和无能为力冲昏了头脑之后，不假思索就脱口而出的威胁和谴责。她绝对不可能去实施像她威胁的那样、如此不计后果的计划，因为如果她真的怀有这种想法，她在计划实施的过程中绝对不会声张。

图为尼禄执政期间发行的金币，正面为尼禄和他的母亲阿格里皮娜。

然而，尽管这些威胁和谴责显然是由于暂时而轻率的怒火导致的，而且很快会慢慢地平息下去，但它们却在尼

第七章 布瑞塔尼库斯之死

禄的心里留下了挥之不去的阴影。首先，他很生气母亲竟敢说出这样的话；其次，至少她有可能会把这些话付诸实施，因为没有人预见她那不顾一切的疯狂会促使她做出什么事来。此外，就算阿格里皮娜的憎恨会慢慢消退，就算她完全不可能实施她的那些威胁，尼禄也极不情愿就这样处在他母亲的控制之下，不断遭受她暴虐的脾气，因为她喜怒无常，随时都有可能大发雷霆。因此，母亲说出的那些威胁让他极度焦虑不安，心神不宁。

恰在此时发生了一件本身微不足道，却让尼禄感到既妒火中烧，又惶惶不安的事情。在皇宫里举行的社交集会上，人们似乎已经习惯了时不时地用各种游戏来娱乐自己，这其中有一种游戏是他们过去常常玩的，叫作"谁该当王？"在这个游戏中，先抽签决定由一名伙伴来当国王，然后其他所有人都必须服从，通过这种方法选出的国王可能会发出任何命令。当然，游戏成功与否得看这位国王在指示他的臣民执行命令时，所体现出来的技巧和智谋——这才是最有趣、最能让伙伴们发笑的地方。假如有人不服从命令，游戏规则中并没有说明会有什么样的惩罚，但每个人都被认为一定会服从国王的命令。当然，前提是，这位国王要求他的臣民做的事必须是在他的权限范围以内。

尼禄本人似乎也很喜欢这个游戏。一天傍晚，当一伙人在他的宫殿里做游戏的时候，正好尼禄抽到了签当皇帝。

当轮到布瑞塔尼库斯接受命令时，尼禄命令他走到房子正中央，为大家唱一首歌。对于像布瑞塔尼库斯这么年幼的孩子来说，这真是个非常苛刻的要求，他还不太习惯积极地参与这么欢乐的群体游戏。尼禄这么做被认为是出于敌意，想让他当众出丑，从而戏弄一下他的弟弟。因为布瑞塔尼库斯只有两个选择：要么违抗国王的命令而中断游戏，要么唱不出歌来让人嘲笑。

然而，让所有人都感到吃惊的是，布瑞塔尼库斯既没有犹豫也没有尴尬，就从座位上站起来，走过去站在房间正中央。所有人的目光都聚集在他身上，房间里顿时安静下来，鸦雀无声。

他开始放声歌唱，唱的是一首挽歌，以平实的语言和凄凉的曲调演绎了一位年少的王子被别人通过不正当的手段从祖先的王位上排挤掉之后，心中的哀伤和悲惨的境况。所有的人都静静地倾听着，一开始就被那男孩朴实无华的音乐以及他的风采和魅力给迷住了。当布瑞塔尼库斯继续歌唱，人们开始感觉到他唱的恰恰就是他自己的境遇，所有的人都对他产生了同情和怜悯。当他唱完回到座位上，人们虽然忍住没有鼓掌，却低声地喝彩。这样的场面影响了尼禄的心情，让他感到气恨和恼火。他心事重重，一言不发地看着，心里却在凶狠地威胁并谴责着这位让他嫉妒的对象。现在，他不得不比以前任何时候都更加小心地把他视为危险而可怕的对手。事实上，他决定让布瑞塔尼库

第七章 布瑞塔尼库斯之死

斯死。

在考虑采取什么方式达到自己的目的时,尼禄认为最慎重也最明智的方法就是下毒。没有任何借口可以控告小王子犯了罪,尼禄也不敢公开动粗。因此,他决定下毒,并让露卡丝达准备毒药。

读者还记得,露卡丝达就是那个阿格里皮娜雇来谋杀自己的丈夫克劳迪乌斯的女人。她因为犯罪被判处死刑,作为罪犯还在羁押中,被一名叫波利乌的上尉监管着。波利乌是一名禁卫军军官。为了达到自己的目的,尼禄派人去叫波利乌,指示他从这名囚犯那里获取一剂毒药。毒药准备好之后不久就派上了用场。尼禄派人把毒药给了布瑞塔尼库斯的贴身仆人,并命令他们必须给他下毒。然而,并没有产生预期的效果。是因为露卡丝达准备的毒药毒性太小,还是因为那些收到毒药并被命令下毒的人没有真正地实施,这就不得而知了,总之下毒失败了。尼禄非常愤怒,派人去叫波利乌,质问、痛斥并威胁他;至于露卡丝达,他宣布立刻执行死刑。他说他们都是卑鄙的胆小鬼,没有勇气去尽自己的本分。波利乌赌咒发誓,说自己可以为了皇帝披肝沥胆,赴汤蹈火,在所不辞。他向尼禄保证下毒失败完全是因为某种偶然的原因,如果皇帝能再给露卡丝达一次机会让她试验,他敢保证她会准备一剂毒药让布瑞塔尼库斯立刻毙命,就像用匕首刺杀那么快。

尼禄命令他立刻行动,并派人去把露卡丝达带来。接

尼禄

着,尼禄把她与波利乌一起被关在与皇帝的寝宫相邻的一所公寓里,命令他们在那里制造毒药,然后尽快下毒。他们能不能活命,就看下毒的结果如何了。毒药很快就准备好了,然而实施起来却有一定的难度,因为像这样气味强烈的毒药,可能会被布瑞塔尼库斯闻到,从而引起他的警觉,他也就不会再服下毒药。为了排除这一困难,露卡丝达与波利乌狡猾地制定了下面的计划。

他们把毒药准备好之后,先是与冷水混合,然后放进装有凉水的大水罐里,这个装凉水的罐子通常放在布瑞塔尼库斯进餐的房间里。进餐时间到了,尼禄走进来,坐在房间里的一个沙发上,密切关注事情的进展。有人端来一些肉汤作为王子的晚餐,品尝食物的仆人像往常那样品尝过肉汤之后,就把它递给了王子。布瑞塔尼库斯尝了一口,发现肉汤很烫,这是尼禄命人故意而为的。布瑞塔尼库斯就把它递回给仆人,让他去冷却一下。仆人把它拿到水罐旁,用有毒的水冷却肉汤,然后又把它递给布瑞塔尼库斯,却没有让品尝者再尝一下。布瑞塔尼库斯喝下肉汤,几分钟之后,就产生了致命的后果。不幸的受害者突然倒在地上,昏了过去。他的眼神呆滞,四肢瘫痪,呼吸短促,浑身抽搐。仆人们冲上去帮他,但他的生命迹象正在迅速消失。他突然发病让仆人们瞠目结舌,他们还没从震惊中缓过劲儿来,就发现他已经停止了呼吸。

当然这件事在皇宫里引起了轩然大波。转眼之间,阿

第七章 布瑞塔尼库斯之死

格里皮娜就被叫了来,当她站在死去的布瑞塔尼库斯身旁时,惊恐万分,悲伤不已。而尼禄却恰恰相反,他似乎并不为所动。他说道:"这只是他又一次犯了癫痫。布瑞塔尼库斯从婴儿时期就已经习惯了,他很快就会好起来的。"

然而,当人们对布瑞塔尼库斯的死亡不再有任何疑问时,尼禄立刻开始准备把他埋葬。尽管尼禄作恶多端,犯下这样的罪过,但由于内疚,他急于将布瑞塔尼库斯的所有痕迹和物件全部从他的视野里清除。此外,他害怕若按通常的惯例安排公开的葬礼,罗马人会怀疑布瑞塔尼库斯死亡的真相,然后合伙报复他的恶行。他知道,任何可能的倾向都会在公开的葬礼上,因为群情激愤而得到很多人的大力支持。于是,他决定立刻埋掉布瑞塔尼库斯的尸体。

他之所以急着要埋掉布瑞塔尼库斯的尸体,其实还有一个原因。露卡丝达给布瑞塔尼库斯下的那种毒药,其特性之一就是,受害者死后不久身体就会发黑。实际上,在殡葬之前,布瑞塔尼库斯尸体的面部就已经开始变色。这种现象可能会暴露他的罪恶。为了以防万一,尼禄命人将布瑞塔尼库斯尸体的面部,涂上当时宫里的女子们使用的化妆品。这样一来,死者的面部就恢复了原本的肤色,后来也再没有发生变化,但尼禄依然很着急,想要把尸体早早地埋掉。

因此,尼禄当天夜里就准备把布瑞塔尼库斯的尸体埋在战神广场——一个位于罗马城辖区内的大型阅兵场。那

尼禄

天夜里,伸手不见五指,除此之外,在埋葬布瑞塔尼库斯的过程中,狂风大作,暴雨如注。因此,直到第二天,罗马城里也没有几个人知道究竟发生了什么事。然而,狂风暴雨一方面有助于尼禄完成秘密埋葬布瑞塔尼库斯的计划,另一方面也极大地不利于他,因为尸体的面部被暴雨淋湿,以至于化妆品被冲掉,发黑的皮肤露了出来。就这样,埋葬尸体的仆人们知道了这个男孩子是被人毒死的。

第二天早上,皇帝发布了一道告示,宣称他的弟弟已经去世并入土为安,并号召罗马元老院和罗马民众对他遭受的丧亲之痛表示同情和支持。

布瑞塔尼库斯死时年仅十四岁。

第八章

阿格里皮娜的命运

精彩看点

阿格里皮娜的境况——她的精神状态——尼禄对他母亲的看法——阿格里皮娜的计划和采取的措施——尼禄把他母亲贬成了庶民——阿格里皮娜发现自己被人遗忘，无依无靠——阴谋被发现——派瑞斯的陈述——尼禄惊慌失色——召开委员会——布鲁斯为阿格里皮娜辩护——阿格里皮娜对这一控告的愤怒的回答——专员们回到尼禄身边——尼禄被说服相信母亲的清白——尼禄的日常生活——街上的斗殴事件——阿格里皮娜过着隐居生活——波培娅——她对尼禄的影响——她的讥讽，奚落和羞辱——这些讥讽对尼禄思想的影响——尼禄开始盼着他母亲去死——米塞努姆的海军大型庆祝活动——阿尼塞图斯——阿尼塞图斯的建议——尼禄对这一建议非常满意——实施这一计划的安排——阿格里皮娜前往巴伊亚——准备毁灭阿格里皮娜——尼禄和母亲亲热地告别——阿格里皮娜和仆人登上了驳船——尝试的结果——阿格里皮娜和阿瑟洛妮娅落入海中——阿格里皮娜死里逃生——她带给尼禄的口信——尼禄听说母亲逃生的消息感到惊慌失措——咨询赛内加和布鲁斯——阿尼塞图斯领命完成他的事业——他前往阿格里皮娜的别墅——对话——阿格里皮娜被谋杀——尼禄悔恨自责，惊惧不安——他慢慢平静下来——尸体——火葬阿格里皮娜

第八章 阿格里皮娜的命运

然而，不管别人会怎么看待布瑞塔尼库斯的死亡，尼禄为此做出的解释以及掩饰却骗不了阿格里皮娜，她太了解真实情况了。这件事让她的心情非常矛盾，真是百感交集，心烦意乱。尽管激烈的争吵妨碍了她和皇帝的交流，但他还是她的儿子。就算她的失望时不时地激起她心中的憎恨与敌意，她还是那么地爱他。现在，她的野心比以往任何时候都更让她感到失望。布瑞塔尼库斯的死亡似乎让她永远失去了操控尼禄的最后一线希望，而杀掉他的人还是她的儿子。对于这个儿子，她只能通过母爱来维系与他的关系，但因为他对她做的那些她所谓的残酷无情、忘恩负义的事却深深地伤害了她。当发现自己所有的计划都落了空，她陷入了绝望，变得气急败坏。

至于尼禄本人，对于和母亲重修旧好，他已经不再抱任何希望和幻想。他看得很明白，她的计划和阴谋跟自己水火不相容。为了保证自己的计划能够顺利实施，他现在

尼禄

必须完成他已经开展的行动,即在他的权限范围内,采取一切可能的措施限制或剥夺他母亲的权力。对于其他那些他想要安抚的人,比如罗马的要员们,他送给他们昂贵的礼物——房产、钱财、高官、军权——作为贿赂,免得他们张口询问布瑞塔尼库斯的死亡。对于他最担心的那些人,则把他们调离罗马去遥远的行省当官。在那里,他们职位荣耀,薪水不菲。

与此同时,阿格里皮娜自己也没闲着。布瑞塔尼库斯的死亡让她震惊,但是一从震惊中回过神来,她就开始考虑报复。尼禄已经对她产生怀疑和警惕并对她进行了各种限制。在种种限制之下,她还是纠集了一小撮拥护者和支持者,秘密而热切地物色所有那些她认为可能会对尼禄的政府感到不满的人,她与奥克塔维娅的关系尤其密切。由于布瑞塔尼库斯的死亡,作为克劳迪乌斯的女儿,奥克塔维娅现在继承了布瑞塔尼库斯所有世袭的权利。只要阿格里皮娜手中还有权力,她就会千方百计地聚敛财富,利用一切机会结交所有那些容易受她影响的军官,并获得他们的支持。总之,她似乎在策划某个秘密的阴谋,以便重新夺回自己丧失的权力。一直以来用嫉妒和怀疑的眼睛监视着她的一举一动的尼禄,开始变得警觉起来。他不知道她的憎恨和野心会让她做出何等孤注一掷的极端事情来。

到目前为止,阿格里皮娜一直与尼禄住在皇宫里,她

第八章 阿格里皮娜的命运

和她的侍从成了他的家眷，当然从某种程度来说，也分享了他的部分荣耀。然而现在，尼禄下决心让她从皇宫里搬出去独自居住，通过降低住宅的档次，表明她的身份是附属于皇帝的。这样，房子的档次正好和她的身份相配。因此，他把罗马城里的一所宅子赐给她，让她和她所有的侍从搬了过去，这所宅子以前是皇室的一个宗亲所有。尼禄又通过各种各样的借口，遣散了为她服务的许多军官和侍从，因为他认为他们对她最忠诚，最有可能与她合起伙来密谋反对他。然后，这些人的位子又被他换成对自己有利并且可以信赖的人。他还裁剪了阿格里皮娜的侍从和卫兵的数量，撤走了习惯于在她门口站岗的哨兵，解散了一支由日耳曼士兵组成的军队，迄今为止，这支军队作为警

图为罗马帝国时期的日耳曼士兵的浮雕。

卫部队，一直由她掌管。总之，他把她从早已习惯了的皇家壮丽奢华的环境中贬到了民间，使她成了罗马的一个平民女子。

郁郁寡欢的阿格里皮娜很快发现，她的地位变了，公众对她的尊敬也相应地变了。她的支持者和朋友被一个个遣散，宾客也日渐减少，真是门前冷落车马稀。皇帝本人有时候会去看望母亲，但是每次他来的时候总是带着一大群随从。短暂的礼节性会面之后，他就会像来的时候一样隆重地离开，这让他的来访看上去仅仅是一个儿子在履行自己的义务而已。总之，阿格里皮娜发现自己被人遗忘了，无依无靠。她的精神状态越来越差，再次变得失望沮丧，忧虑苦闷，懊恼悔恨。

事情就这样持续了一段时间，直到后来有一天晚上，当尼禄一直在皇宫里痛饮欢宴的时候，一个名叫派瑞斯的著名朝臣，也是尼禄的主要伙伴和宠臣之一，一脸焦急地走进宴会厅。他告诉皇帝他有一件非同小可的事情要汇报。尼禄随即起身离开宴会厅，听他汇报。派瑞斯告诉他有人发现了一个计划周密、危险重重的阴谋，是阿格里皮娜和她的一些帮凶一起策划的。根据派瑞斯所言，合谋者的目标是要废黜尼禄，然后立奥古斯都·恺撒的一位名叫普劳图斯的后人为皇帝，取代尼禄的位子。政变一旦成功，阿格里皮娜就会嫁给新的皇帝，然后重新获得以前的权力。

派瑞斯的陈述非常详尽，说出了主要的合谋者的名字，

第八章 阿格里皮娜的命运

解释了整个计划。主要的证人是宫里一位名叫西拉娜的名媛，她是阿格里皮娜的闺密和访客，正是她提供的可靠消息才引起了这场控告。西拉娜和阿格里皮娜曾经是非常要好的朋友，但是最近她们之间发生了一场可怕的争吵，因为阿格里皮娜把西拉娜和一位尊贵的罗马公民之间已经成功了一半的婚姻搅黄了。这种不怀好意的做法惹恼了西拉娜，结果她就告发了阿格里皮娜。阿格里皮娜是否真的策划了这样的阴谋？是由于她毁了西拉娜的婚姻给她带来了伤害，从而导致她告发了自己？还是西拉娜出于不顾一切的报复的冲动，完全编造了这个故事？这些都不得而知了。当时的史学家们倾向于相信第二种说法。

无论事实如何，当尼禄听了派瑞斯的陈述之后大惊失色，他立刻中止了宴会和狂欢，遣散了宾客，召集最信赖的顾问们开会，为他出谋划策。他把情况向大家说明之后，就宣布：他决定立即宣判他母亲和普劳图斯死刑，并马上派军官前去执行他的命令。然而布鲁斯竭力劝阻他不要鲁莽冲动。他说道："目前这些说法仅仅只是控告，我们还没有证据。如果仅凭一个告密者半夜三更来向你讲述了这样一个离奇的、不大可能发生的故事，就立刻想当然地认为这就是事实，然后在激动与惊慌的影响下采取行动，那么当我们一手造成的后果不可挽回的时候，一定会因为鲁莽和冲动而感到后悔。此外，阿格里皮娜是你的母亲。国内最卑贱的人在受到指控的时候都有权为自己辩护，更何

图为尼禄雕像,现藏于莫斯科普希金博物馆。

第八章 阿格里皮娜的命运

况她呢？现在阿格里皮娜遭人控告，如果我们剥夺了她为自己辩护的权利，那才真是犯了十恶不赦的重罪。因此，在这种情况下应该推迟宣判，直到我们了解到某些事实。我保证，如果经过公正的审理，这桩控告成立，阿格里皮娜的确图谋不轨，那么我将亲自执行她的死刑。"

经过这样的争论和劝谏，尼禄的情绪慢慢稳定下来，并决定，关于这次紧急事件，等到第二天早上再采取果断的行动。天一亮，在一些充当证人的随行人员的陪同下，布鲁斯和赛内加前往阿格里皮娜的府邸，向她提出这一控告，听她怎么为自己辩解。

阿格里皮娜一大早就被传唤听旨，并且宣旨者的阵势如此吓人，起初她还有些震惊。但是，当她听到儿子对自己如此绝情，骄傲的精神立刻垮了，代之而来的是绝望和狂怒，以至于她不再感到丝毫害怕。因此，当她倾听布鲁斯宣布针对她的严重指控时，她显得相当镇定。当他停下来听她回答时，她并没有找借口为自己开脱罪责，以消皇帝的怒火，而是立刻展开了对她的儿子最为严厉和愤怒的痛斥，因为"他竟然听信这样一个离奇的、不大可能的、对我进行中伤和诬蔑的故事。那个西拉娜，"如她所言，"简直就是一个水性杨花、毫无原则的荡妇，因此，她根本就不懂得母爱的伟大和力量，所以，她才会认为一位母亲有可能会设计陷害她唯一的儿子，我对此并不感到奇怪；但是尼禄竟然相信这样的谣言。我为他做了这么多，招来这么多的危险，而且为了他能当上皇帝，我放弃并牺牲了一个女人最为珍视的东西。事实上，他听信这些谣言，竟然暗怀杀母之心，是可忍，孰不可忍。"由于激动和愤怒，她变得语无伦次。她继续含混不清地说："他难道不知道？如果，通过任何方式，布瑞塔尼库斯，或者普劳图斯，或者其他任何人被推上了皇位，那么，我就会因为为他做过的那些事而立刻丧命。他难道想不到？为了他，我犯下这么多天理难容、十恶不赦的罪过，以便我能把他推上现在的宝座，如果我帮他的任何一位对手或敌人取代他当皇帝，那我无异于自取灭亡。回去告诉他，就说，我要他当面来听听。我是他的母亲，我有权要求他能亲自来看我，听听我会怎么说。"

尼禄派去审理这桩案子的代表们原以为阿格里皮娜会低声下气、支支吾吾地为自己辩护，然而他们听到的回答却是愤怒的指责与痛斥，这多少让他们感到有些吃惊。同时，他们也被阿格里皮娜那铿锵有力、高亢激昂的语气吓到了。于是，他们对她说了一些安慰的话语就回去向尼禄报告审讯的结果。

尼禄同意见他的母亲。在他面前，她说话的语气充满了自尊、无辜和委屈，就和在审讯她的专员们面前一样。她不屑为自己洗清罪责，而认为自己是清白无辜的，并要求严惩原告，因为他们犯了难以饶恕的诽谤罪。尼禄相信了母亲的清白，并答应了她的要求。西拉娜和其他两名原

第八章 阿格里皮娜的命运

告被从罗马流放,还有一名被处死。

这样,尼禄和他母亲之间又一次达成了并不完美的短暂的和平。

这样的状态持续了大约三年。期间,尼禄将帝国的政务交给他所信赖的政府的大臣们和军队的将领们处理,国势还算强盛;然而,一说到他的私生活,真是可悲可叹一团糟。他白天懒散怠惰,昏昏欲睡,晚上则淫逸放纵,寻衅闹事。他过去常常化装成奴隶,深更半夜和一群同样装扮的伙伴到罗马城的街市上去,吵吵闹闹,滋事斗殴。有时他们会早早出发,这样街上还有人,店铺还没关,他们就随意抓取售卖的货物,以此为乐,并见谁打谁。在这样的嬉戏打闹中,皇帝和他的同伙有时会遇到其他团伙,然后就会发生群殴事件。尼禄经常被打得鼻青脸肿,因为他的对手不知道他是谁。有一次,他被打倒,受了重伤,结果他的脸部好长时间都有一道难看的伤疤。

尽管在这些疯狂的嬉闹中,尼禄通常是化了装的,但是,由于他和他的同伴事后总喜欢四处吹嘘他们的"英勇行为",所以罗马百姓很快便知道了他们的少年皇帝习惯了混迹于这些午夜的街头斗殴事件当中。当然,像他这样一个高高在上的人物就给罗马的每一个桀骜不驯、放荡不羁的年轻人树立了榜样,他们满怀激情地模仿他。于是在午夜的街头斗殴成了时尚。由于暴力团伙的数量越来越多,规模越来越大,街头斗殴也就越来越严重,直到后来

尼禄

尼禄常常会带领一群化了装的士兵和角斗士参加斗殴让他们远远地跟着他,随叫随到,这样,无论何时他需要帮助,他们就能立刻挺身相救。

图为油画《角斗士》,法国杰洛姆绘于1872年。画中看台上的观众拇指朝下,意思是处死失败者。

一年又一年过去了,尼禄就这样放荡不羁,不断地追求着感官刺激,一天比一天胆大妄为、拼死亡命。他的母亲这些年过得相对清静,她试图对儿子加以管束,却未获成功。她和尼禄的妻子奥克塔维娅走得很近,婆媳关系非常融洽,只要她能做到,就会保护奥克塔维娅免受丈夫尼禄给自己带来的伤害和不公正的对待。

后来,少年风流的皇帝在邪恶放纵的生活中,结识了

第八章 阿格里皮娜的命运

宫里一位名叫波培娅的女子,她是尼禄的一个酒肉朋友奥索的妻子。尼禄派奥索去外地办差,以便他能无拘无束地和波培娅交往。后来,波培娅对尼禄的影响如此之大,以至于她把他的魂儿完全从奥克塔维娅身边勾走了。她提议他们都和自己的另一半离婚,然后他们再结婚。尼禄想答应这一提议,但阿格里皮娜极力反对。好长一段时间里,尼禄一方面受母亲的影响,而自己作为丈夫,对妻子还心存一丝半点的眷恋;另一方面,他又经不住波培娅的诱惑。除了甜言蜜语和迷人的微笑,她还试着通过嘲笑他,以此激起尼禄男子汉的自豪感。用她自己的话说就是"你都是个大小伙子了,还样样都听你母亲的话,真丢人,真不像个男人。"她问他还要像个小孩似的在他母亲的监护下过多久?她很奇怪他竟能忍受如此让他颜面尽失的束缚。她说,虽然他是个名副其实的皇帝,大半个天下完全受他的统治,但事实上他还是一个乳臭未干的黄口小儿,没有他母亲的许可,他什么也做不了。她还说,看到他过得这么不光彩,她都为他感到害臊;她宣称,除非他能采取积极的措施,把自己从母亲的束缚下解放出来,否则她就会永远地离开他,和丈夫去遥远的地方,再也不必看着他丢人现眼。

这些嘲笑和奚落对尼禄的心理造成的影响,似乎被母亲对他的强势的态度放大了。面对自己失意的状况和儿子荒唐的行为,阿格里皮娜的心里似乎越来越绝望,对儿子

尼禄

的态度似乎也越来越严厉,越来越苛刻。总之,皇帝和母亲之间的矛盾变得根深蒂固、不可调和了。后来,他干脆对母亲避而不见。最后,他连一点儿尽孝的想法都没有了,并开始在心里盘算,怎样才能把她这个绊脚石搬开。

他在脑海中反复考虑各种各样的、能帮他达到目的的方法。他不敢公开使用暴力,因为他没有借口控告母亲并对其进行刑事宣判。他同时担心,儿子命人处决自己的亲生母亲这种灭绝人性的行为以及弑母的残忍场面,会给民众的心理造成多大的负面影响。他也不敢用毒,阿格里皮娜对下毒的套路了如指掌,她肯定会小心提防他的任何诸如此类的企图。此外,他认为,她习惯了服用特定的解药,她的身体已经变得百毒不侵了。

正当尼禄对这件事情冥思苦想、一筹莫展的时候,机会终于来了。罗马以南有个美丽的海湾巴伊亚,那里要举办大型的海军庆祝活动。巴伊亚靠近现在的那不勒斯海湾,在古代,它是罗马贵族的度假胜地,因其美丽的自然风光而闻名于世,到了现代景色依旧。海湾尽头有个美丽的小镇,附近的小山和山谷、沿岸的海角——处处点缀着精巧别致的乡村别墅,它们是城里的有钱人消夏避暑的住所。巴伊亚还是一个大型海军基地,当时有一艘军舰正停泊在那里,或者更确切地说,停泊在几英里之外的米塞努姆海角附近,由一名深得尼禄信任的、名叫阿尼塞图斯的仆人指挥。即将举行的海军庆祝活动就与这艘军舰有关。活动

第八章 阿格里皮娜的命运

每年都会举办,连续欢庆五天。

当尼禄尚在襁褓中时,阿尼塞图斯就是他的贴身仆人。等他长大后,他们的关系也一直很亲密。也不知道为什么,他和阿格里皮娜水火不容。尼禄孩提时,他和母亲之间时不时会发生一些小小的争执。每当这个时候,阿尼塞图斯总是会站在尼禄这一边。如今,尼禄对阿格里皮娜心怀憎恨,阿尼塞图斯自然很乐意对他表示同情。当他了解到尼禄想要设计置她于死地时,他想出了一条妙计,并说可以没有后患地达到目的。他建议邀请阿格里皮娜到巴伊亚来,然后在海军举行庆典和演习的过程中,带她乘坐驳船或者帆船到海湾里去。他说,他会如此这般地修建这条船,以确保它会在海上破裂散架。他会提前安排好拯救其他人,

图为巴伊亚风景,约瑟夫·特纳绘。

而让阿格里皮娜溺水而亡。

尼禄对这一计划非常满意,就决定立刻实施。为了这一计划能顺利实施,当庆典的日子一天近似一天的时候,他假意跟母亲和好,假装现在很乐意让她顺心如意。他乞求她忘记以前对她的种种不孝之举,并向她保证他现在对她的感情完全改变了,还向她表达了无微不至的关怀和真切诚挚的敬爱。一位母亲总是很容易被这样一个不受管教的儿子那貌似浪子回头的郑重声明所蒙蔽,阿格里皮娜相信了尼禄对她所说的一切。总之,母子这回似乎真的冰释前嫌了。

后来,当海军庆祝活动的日子马上要到的时候,当时正在巴伊亚的尼禄派人给母亲送去了邀请函,请她前来和他一起观看这一盛况。阿格里皮娜非常高兴地接受了邀请。她此时正在安提厄姆,读者还记得,尼禄就是在那里出生的。因此,她从那里坐上自己的帆船向南航行。她在巴伊亚附近的一所别墅旁边登岸,尼禄已经恭候在那里准备好迎接她了。他表现出对母亲极大的敬爱与尊重。他在巴伊亚为她提供了临时住所,有一艘豪华的驳船会送她去那里。尼禄的计划是让她登上这艘驳船,而把她自己来时乘坐的那艘帆船停泊在登岸的别墅附近。阿格里皮娜受邀登上的这艘驳船正是阿尼塞图斯为了置她于死地而专门修造的。然而,它看上去的确是一艘豪华的巨轮,装饰精美绝伦,似乎就是为了显示它将运送的乘客身份之尊贵。

第八章 阿格里皮娜的命运

然而,阿格里皮娜并不想登上这艘船,她更愿意从陆路去巴伊亚。这或许是因为,尽管尼禄表现得极为和善,但她依然心存疑虑,不敢完全相信他,又或许是因为从安提厄姆一路乘船而来,她对大海已经感到厌倦,所以才更加愿意从陆路完成自己的此次旅程。不管是什么原因,尼禄立刻默认了她的决定,派人抬来一顶轿子,从陆路送她去巴伊亚。因此,她就坐着这顶轿子,被轿夫们抬到了巴伊亚,住到了为她提供的公寓里。

在阿格里皮娜启程返回安提厄姆之前,尼禄根本没有合适的机会带她到海上去。她在巴伊亚的这段日子里,尼禄殷勤地陪在母亲左右。他准备了盛宴来款待她,安排了各种各样的娱乐活动供她消遣。在他的谈话中,他有时会用一种阿格里皮娜非常熟悉的顽皮和快乐的口吻称呼她,而其他时候,他会寻找机会用一种私密而信任的方式与她认真地讨论公事。阿格里皮娜完全被这些表象欺骗了。想到自己又重新获得了儿子的爱戴与信任,她的心里充满了快乐与自豪。

尼禄和阿尼塞图斯最后决定,在阿格里皮娜启程返回安提厄姆时,瞅准机会说服她登上他们的驳船,而不是她自己的帆船,然后实施他们的计划。他们之前诱使她到海上去的尝试都失败了,这是目前仅存的机会。他们希望阿格里皮娜最好是在夜里登船,因为他们的阴谋在夜色的掩护下实施起来会更加顺利。因此,在阿格里皮娜打算返回的那天下午,尼禄为她准备了一场晚宴。宴会上,他还特意安排了许多庆祝活动和娱乐节目,故意把宴会的时间拖延到傍晚。这样,当他的母亲动身离开时,天已经全黑了。然后,阿尼塞图斯又心生一计,让他舰队的一条船与阿格里皮娜从安提厄姆来时所乘的那条帆船相撞,那条帆船就停靠在她登岸的地方。帆船被撞毁,不能再航行了。阿尼塞图斯急切地来向阿格里皮娜报告撞船事故,但他补充道,皇帝为她准备的驳船随时听候她的吩咐,建议她坐这条驳船代替那条撞坏的帆船。似乎也没有别的选择,和儿子亲热地告别之后,阿格里皮娜就高高兴兴地登上了那艘漂亮但却危机四伏的驳船,完全没有意识到她已经进了别人为她设好的陷阱。

据观察,尼禄此次与母亲告别时,展示出了对她的深深的眷念。他久久地搂着她的脖子,不停地亲吻她,这些亲密的举动使她迟迟不能离岸,就好像尼禄舍不得让她走似的。阿格里皮娜死后,见证过母子分别这一场面的人们都还记得,但回想起来,他们也说不清楚,到底这些象征爱的行为全都是他在假惺惺地演戏,还是在最后时刻他真的心软了,才在他为她准备好的死亡陷阱的边沿让她稍做停留。然而,根据我们现在了解到的有关尼禄在这一时期形成的性格特征,或许前者才是正确的推测。

这一阴谋尽管设计得极为巧妙,却注定未能成功。水手们划着桨,驳船轻盈地离开岸边。天空繁星点点,海面

第八章 阿格里皮娜的命运

风平浪静。夜色美好，空气清新。阿格里皮娜坐在一个专门为她安放的沙发床上，头顶有华盖遮挡，华盖的框架被秘密地灌满了铅，她的一位名叫阿瑟罗尼娅·珀拉的侍女陪在她身边。当船一路向前行进时，她躺在主人的脚旁，陪她拉话儿。他们谈论着尼禄，讲到他对阿格里皮娜敬爱有加，讲到母子皆大欢喜地和解后各种好事接踵而至。闲聊中，时间也在慢慢地流逝，驳船继续前行，最后到达了尼禄预定下手的地点——在那里把船毁掉，让阿格里皮娜溺水而亡。对于水手们来说，选择这一地点足以让他们游回岸上，但这段距离对于阿格里皮娜来说足够远，足以让她命丧黄泉。有几个水手知道这一秘密，从某种程度来说，心里已经为将要发生的事情做好了准备。其他人则一无所知，当他们发现自己落入海中，自然就会尽力自救。

毁船的命令一下，华盖的固定装置被打开，灌了铅的华盖突然倒下来，砸掉了一部分船身。有一名水手被掉落的重物砸中，当场毙命。阿格里皮娜和她的侍女因为沙发四角的柱子而保住了性命，当时阿格里皮娜正躺在沙发上，并斜倚着其中的一根柱子，这几根柱子所处的位置，碰巧使它们有效地顶住了即将掉落的重物，两位女士才能从下面爬出来。甲板和船舷的毁坏和破损的程度，并没有期待中的那样严重，所以阿格里皮娜不但没有被掉落的重物砸伤，而且一开始也没有掉入海中。接着，那些了解内幕的人立刻开始大呼小叫，制造混乱，并试图爬到一侧船舷上去把船弄翻，而那些不明就里的人却拼命想要拯救驳船。与此同时，呼喊声传到了岸上，渔民们赶紧划着渔船过来向这艘无助的大船施救。然而，在他们到达之前，船已经被翻了过来，阿格里皮娜和阿瑟罗尼娅双双落海。知情的水手们趁着夜色和混乱，试图结束受害者们的性命。当她们在水中挣扎的时候，他们就用撑杆和船桨击打她们。

他们的做法在阿瑟罗尼娅身上成功了，因为她出于恐惧而不断大声地呼喊，从而招来了暗杀者们的重击。但是阿格里皮娜头脑冷静，保持沉默。她只在肩膀上遭到了一下重击，导致她严重受伤。从另一个角度来说，她成功地躲过了一劫，一方面是因为衣服的浮力，另一方面是因为自己努力游泳，使自己漂在水中，直到被渔民救起送到岸上，并被送到离事发地点不远的一栋属于她的别墅里。

当阿格里皮娜从事故的激动和恐惧中回过神来，有时间细细琢磨那些细节，她就坚信这件事不是偶发的事故，而是深藏不露、想要取她性命的阴谋。然而，为了慎重起见，她认为最好还是在一段时间里，假装自己并不知道这件事是针对她的阴谋。因此，当她安全地到达别墅，包扎完伤口，她就派了一名信使去巴伊亚，告知尼禄发生的事情。她说，她乘坐的驳船在海上沉没了，她九死一生才逃过一劫。她被倒下的桅杆砸中，受了重伤，但最终安全地回到了安提厄姆的家。然而，她恳求她儿子不要来看她，因为她最需要的就是静养。她说她派信使来告知他所发生的事，这样

第八章 阿格里皮娜的命运

他就会为她感到高兴，多亏了上天的庇佑，她才得以逃过这迫在眉睫的危险。

与此同时，尼禄正在巴伊亚的行宫里。他心情烦躁、焦虑不安地等待阿尼塞图斯派来的信使告诉他，他的计划成功了，他的母亲被淹死了。他在阿格里皮娜的信使到来之前，尼禄却听到了她已经成功逃脱的谣传，这让他惊慌失措。从岸边回来的人告诉他，他母亲乘坐的那条驳船失事了，他母亲差点儿就丧命了。他没有听到太多细节，但他猜想阿格里皮娜一定已经知道这次事故是故意想要害死她。因此他非常慌乱，他担心这件事现在一定让他母亲心中充满了仇恨，他害怕她会不顾一切地进行报复。

他立刻派人去请布鲁斯和赛内加，把这件事从头至尾全都告诉了他们。他言词激烈地控诉他的母亲，以便为自己弑母行为进行辩解。他说，他一直以来都相信，只要她活着，他就永无宁日，也没有安全可言，而现在，他已经试着实施了杀害她的计划。无论如何，他已经别无选择，只能一条道走到黑，完成他已经开始的计划。他说："她现在必须死，否则她确定无疑会设计害死我。"

布鲁斯和赛内加沉默不语，他们不知道该说什么。他们清楚地看到，一场危机即将来临，结果必然是母子二人必须有一个去死，因此，他们面临的唯一的问题是，决定受害者是母亲还是儿子。后来，长时间的沉默之后，赛内加看着布鲁斯并问他，他手下的士兵是否值得信赖去执行阿格里皮娜的死刑。布鲁斯摇摇头。他说，士兵们对日耳曼尼库斯家族非常敬仰，阿格里皮娜又是这一家族的后人。对于这个家族的任何成员，他们是绝对不会干出如此血腥的事情来的。他还说："此外，既然阿尼塞图斯接受了这一任务，就交给他去完成没有做完的工作吧。"

阿尼塞图斯很乐意地接受了这一任务。事实上，他也有个人的小算盘，因为经过这件事之后，他心知肚明，只要阿格里皮娜活着，他就没有好日子过。看到阿尼塞图斯满口答应，尼禄高兴得不得了。他说道："那你快去快回，想带谁作为帮手你随便挑。你要是完成了任务，我会认为我的整个帝国都应该感谢你的忠诚。"

就这样，阿尼塞图斯接受了任务，从舰队调来一小支部队跟着他，向阿格里皮娜避难的别墅进发。他发现一群乡民聚集在别墅的大门口。他们是听说了阿格里皮娜遭难的消息才来到那里的。他们也许是想了解事情的所有细节，也许只是因为她大难不死而向她表示祝贺。当这些乡民看到阿尼塞图斯率领着全副武装的队伍走过来时，他们不知道这意味着什么，大惊失色，四散逃开。

阿格里皮娜别墅大门口站岗的卫兵阻止士兵们进入，但他们很快就被打倒并被制伏。接着，大门被打开了，阿尼塞图斯率领着他的海军闯了进来。阿格里皮娜当时正在里边的一个房间的床上躺着。但听到吵闹和骚动后，她心知来者不善，惊恐万状。几个朋友陪在她身边，当听到

图为赛内加雕像,十七世纪一位无名雕刻家的作品,现藏于马德里普拉多博物馆。

全副武装的士兵们登上楼梯的脚步声后,都从一个暗门慌慌张张地逃离了那个房间,只留下阿格里皮娜和她的侍女。那个侍女过了一会儿也跑了。当她的身影在门口即将消失的时候,阿格里皮娜对她说道:"难道你也要弃我而去吗?"话音刚落,阿尼塞图斯就和他的两名军官破门而入。这三个男人全副武装,一脸残忍而决绝的表情,走到了阿格里皮娜床边。

阿格里皮娜吓坏了,但她故作镇定,从床上坐起来,平静地看着这三个刺客。

"是我儿子派你们来的吗?"她问道。

他们没有回答。

"你们是来问我怎么样了吧,"她说道,"告诉他我好多了,很快就能完全康复。我不相信他派你们来是为了伤害我。"

就在这一瞬间,其中一个刺客用他的棒子打了那位可怜的母亲一下。然而,哪怕是最铁石心肠最无情无义的魔鬼在做这样的事情时,不知道为什么,一开始胳膊总会偏那么一点点。因此,这一击只让阿格里皮娜受了点儿无足轻重的小伤。然而,它却让她明白了,一切都完了,她的大限已到。然而,她并不像一般的妇女那样,在这样的情况下心里会充满恐惧与绝望。她那强大的、不可战胜的精神在这紧急关头又让她充满了活力。当刺客们挥舞着寒光闪闪的宝剑逼近,并准备刺向她的时候,她猛地揭开毯子,

第八章 阿格里皮娜的命运

裸露出自己的身体,招呼谋杀者们往她的下腹部,也就是子宫的位置刺。她歇斯底里地大喊道:"来呀,往这儿刺!一个母亲被儿子谋杀,就该往这儿刺!"宝剑立即刺穿了她的身体,留下了好多处伤口。血液浸透了她躺着的沙发床,她就这样死在血泊中。

做完了这一切,阿尼塞图斯和他的同伙盯着毫无生命迹象的尸体看了一会儿,就召集留在大门口的其余士兵,回到巴伊亚向尼禄复命。一听到一切都结束了,尼禄的第一反应是长舒了一口气。然而,尽管他是个魔鬼,他很快发现他的良心还没有完全泯灭。因此,当他开始回想自己干下的事情时,他的心中便充满了悔恨与恐惧。那天晚上,他在极度痛苦中度过,有时静静地坐着,一动不动,就好像他一下子糊涂了,所有的官能都丧失了;有时突然又清醒了,惊愕异常,浑身发抖,眼睛夸张地瞪着,似乎被突发的狂怒蛊住了。他的表情疯狂狰狞,他的手指痉挛抽搐,他语无伦次,满嘴疯话,呻吟呼号,这表明他经历了多么浓重的恐惧。他那可怕的样子,使得卫兵和仆人们都远远地躲开,不知道怎么办才好。

最后,他们一个个进来安慰他。然而,他们的努力毫无效果。到天亮的时候,他的情绪才稍稍平复了一些,但可怕的负罪感依然沉重地压迫着他。尼禄的样子可怜极了,他说他再也不能待在这里了,因为他所看到的一切,别墅、帆船、大海、海岸以及他周围的其他事物,都会让他想起他的母亲，并提醒他犯下了不可饶恕的罪恶，他已经再也无法忍受了。

　　与此同时，阿格里皮娜的别墅里的仆人和随从们一看到阿尼塞图斯和他的队伍离开了，就赶紧回到女主人的房间，带着无以言表的恐惧凝视着房间里可怕的景象。阿尼塞图斯留下了几个人帮忙处理尸体，因为让她从人们的视野中消失既是至关重要的，也是刻不容缓的，因为看到她的人无一例外，都会感到异常愤怒，都会强烈谴责犯下如此惨绝人寰的罪恶的制造者。阿格里皮娜死后的遗容非常安详美丽，似乎要通过这种无声胜有声的感染力赢得每一位旁观者的同情与怜悯。因此，有必要赶紧把她搬走。士兵们也极不耐烦，他们希望赶紧把这可怕的任务完成了，然后马上走人。

　　因此，他们用手边易得的材料，在别墅的花园里堆起一个火葬的柴堆，将阿格里皮娜的尸体以及床上所有被血污染了的用品堆在柴火堆上。士兵们站在旁边默默地看着，直到火堆快要燃尽，然后转身离开，只留下阿格里皮娜的佣人们，围着冒烟的灰烬黯然神伤。

极度腐化与堕落

精彩看点

尼禄杀害阿格瑞佩娜的暴行——他给元老院送的信——元老院的行动——尼禄与奥克塔维娅离婚——娶波培娅为妻——奥克塔维娅被从罗马流放——阿尼塞图斯——奥克塔维娅多舛的命运——对她的指控——她被处死——极度堕落——尼禄从悔恨中恢复过来——他的各种罪行——不问政务——尼禄在舞台上的表演——音乐训练——尼禄的成功——他训练的鼓掌者——剧院里的规章制度——赛跑和比赛——获胜者通常都是尼禄——他的个人行为和性格——午夜的斗殴——骚乱和放肆——尼禄的盛大宴会——人工湖——尼禄耗费的巨额款项——他的宠儿——他到奥斯提亚游玩——罗马大火——尼禄被指控为纵火犯——他的可能的动机——他前来观望这场大火——他通过歌唱来庆祝这一时刻

第九章 极度腐化与堕落

在尼禄弑母的行动中,没有一个理由能减轻他所犯下的罪行。这不是自卫行动,因为阿格里皮娜没有对他或者试图对他做出任何伤害;这不是一时冲动仓促而成的暴行;这也不是出于政治需要,为了实现某一伟大而理想的政治目标而采取的措施。这是冷静的、故意的、经过深思熟虑的犯罪,其唯一的目的就是要为犯罪者的下一次犯罪扫清道路。尼禄残忍地杀害自己的母亲,仅仅是因为她阻碍了他与无辜的妻子离婚,然后不道德地娶另一个女人为妻的计划。

犯下这桩十恶不赦的罪行后,很长一段时间里,恐惧萦绕在尼禄心头久久挥之不去。无论白天还是黑夜,他都不断地遭受着悔恨和恐惧的双重折磨。他不敢回罗马,因为这样的恶行自然而然地会激起民众的愤怒,而且他不知道这种愤怒会发展到什么样的程度,或者说他不知道如果他出现在罗马城里,会有什么样的后果等着他。因此,

尼 禄

他离开巴伊亚，来到了尼阿波利斯，在海边待了一段时间。在那里，他给罗马元老院发送了许多信件，解释他对母亲所谓的"正法"为自己开脱。他假装发现了她欺君叛国的阴谋，假装必须对她格杀勿论，唯有这样才能保证国家安全。虽然元老们憎恨尼禄，对他的罪行深恶痛绝，但他们迫于他手中掌握的强大的、可以随意调动的军事力量，也怯于他那残忍无情、不顾一切的性格，只得通过决议，认同了他的所作所为。尼禄留在罗马的军官和宠臣们给他捎信，说首都人民对阿格里皮娜深恶痛绝，除掉她，他算是为国为民办了一件大快人心的好事。从某种程度上来说，这些话无异于给他吃了一颗定心丸。最后，他回到了罗马。

他终于如愿以偿和奥克塔维娅离了婚，娶了波培娅。然而，奥克塔维娅还待在罗马，住在专门分给她的一处皇宫公寓里。她高贵的出身，尊贵的地位，最重要的是，人们对她的不幸表达了普遍的同情，使她成了公众关注的目标。人们给罗马城里公共场所的奥克塔维娅的塑像上戴上花环，而把尼禄命人戴在波培娅的塑像上的花环扯了下来。公众这样或那样的情绪的表露，激起了波培娅对奥克塔维娅更加强烈的仇恨和嫉妒，以至于她收买了奥克塔维娅的一名女仆，授意她控告自己的女主人犯了不光彩的罪行。这一控告提出之后，波培娅严刑拷打奥克塔维娅的其他女仆，逼迫她们作伪证。没想到她们忍受着痛苦的折磨，坚决断言奥克塔维娅是清白的。然而，波培娅不依不饶，坚持要给奥克塔维娅定罪。最后，尼禄采取了折中的做法，同意把奥克塔维娅流放到外地去。

她被送到了一座海滨别墅，就在阿尼塞图斯的海军基地附近。然而，哪怕是在流放中，波培娅也不会让她安生地过日子。她很快就控告奥克塔维娅阴谋对尼禄的政府不利，还控告她拉拢腐蚀阿尼塞图斯，企图在实施谋逆的计划时得到舰队的支持。阿尼塞图斯本人证实了这一控告。他说，奥克塔维娅愿意对他以身相许，以此诱惑他加入谋逆的行列。因此，奥克塔维娅被判处死刑。

尽管有阿尼塞图斯的证词，但在当时，人们普遍认为奥克塔维娅是清白的，她罪不至死。估计是阿尼塞图斯接受了尼禄和波培娅的贿赂和承诺，在他们的授意之下编造了这个故事，以便他们有借口杀掉奥克塔维娅。不管事实如何，这位不幸的公主被定罪并被判处死刑。

虽然奥克塔维娅身份尊贵，但她那短短的一生却命运多舛，苦难不断。当她还是个孩子的时候就嫁给了尼禄；与他生活的那些年里，他对她冷言冷语，刻薄无情；最后他又抛弃糟糠，另娶新欢；对于结发妻子，尼禄先污其清白，再把其流放。在最后一次控告她之前，奥克塔维娅唯一能做的就是在痛苦而绝望的流放中了却残生。但她求生的欲望还是很强烈的，当尼禄的信使来告诉她"必须死"的时候，奥克塔维娅震惊不已，恐惧万分。

她痛哭流涕，苦苦哀求他们饶她不死。她说她决不会给皇帝添麻烦或以任何方式干预他的任何计划；她愿意放弃皇后的所有权利，她会一直把自己当作他的妹妹；她会独处隐居，修身养性；无论尼禄让她住在哪里她就住在哪里，决不会给他找任何不痛快。刽子手们打断了她的乞求，他们抓住可怜的公主，用皮鞭捆住她的四肢，切开了她的血管，她疼得昏了过去。在刽子手们手中，可怜的受害者无力抵抗，然而，当血管被切开，血却没有流出来。所以他们把她抬到了附近一个正在开放的桑拿浴室，把她关在里面，用蒸汽把她活活闷死了。

这样，尼禄的罪行——谋杀生母；抛弃糟糠，另娶新欢；继而杀害结发妻子，三罪合一，构成了他一生中最大的恶行——就此完成。这是一桩罄竹难书的罪行。为了给一桩不道德的婚姻扫清道路，蓄意而残忍地谋杀亲生母亲，然后又为了维护那桩不道德的婚姻，谋杀了一位无辜的妻子，同时还要诋毁她的名誉，让她遭受耻辱的不白之冤。干出如此惨绝人寰、骇人听闻的暴行，真可谓达到了人类邪恶的顶点。

尼禄慢慢地从这些暴行起初所带来的完全左右着他的悔恨与恐惧中恢复过来。为了让自己更快地摆脱这些情绪的困扰，他肆无忌惮地为所欲为，毫无节制地大肆挥霍，到后来竟然无恶不作，以至于他的余生惨无人道，罪不容诛，而他却没有一丝悔意。

有一次他大发雷霆，踢了怀有身孕的波培娅，导致

第九章 极度腐化与堕落

孩子早产,波培娅也得了一种怪病,最终死亡。后来,他在钓鱼的时候命令自己的奴隶将波培娅的儿子溺死在海里,因为他听说,那个小男孩在和别的孩子玩耍的时候总是扮演皇帝的角色。他还毒死了他的将军布鲁斯,当时布鲁斯正好咽喉肿痛,尼禄让人给他送去了毒药,却骗他说那是治疗咽喉肿痛的良药。布鲁斯不明就里喝下了药水,就毒发身亡了。在尼禄的一生中,他用同样的方式夺去了无数亲戚朋友和国家官员的生命,以至于几乎所有和他有着不同程度的亲密关系的人,无一例外都死于非命。

在他整个统治时期,他几乎完全不理朝政,显然他把至高无上的权力当成了唯一能够满足其私欲的工具,并随心所欲地大肆挥霍由他支配的丰富的资源。他很少关心外事,唯一能激起他兴趣的,是在舞台上当一个著名的歌唱家或演员。

当他准备开启自己的艺术生涯时,罗马社会普遍认为,任何有地位的罗马人出现在诸如此类的公共表演中都是有失身份的。但是,尼禄在很小的时候就认为自己有当歌唱家的天赋。他勤奋刻苦地练嗓子,加上他身边自然会有一大群投其所好、阿谀奉承的人对他的所作所为大加赞扬,所以到后来,他对音乐艺术的兴趣转化成了过度的狂热。他怀着极大的耐心,遵照当时严格的训练方法,提高并改善自己的发音。比如,为了使胸肌变得更为发达,他长时间地仰面躺着,胸口放上铅块,据说这么做能锻炼胸肌。

图为波培娅雕像,现藏于希腊奥林匹亚博物馆。

第九章　极度腐化与堕落

他还服用各种各样的清嗓润喉、美体健身的药物。这些努力取得了成效，他欣喜若狂，以至于他急于想在公共场合登台表演。因此，他开始为此紧锣密鼓地做准备。

起初，他只在私人会所、皇宫和花园里表演，那里只有罗马贵族和受邀而来的宾客。后来，他逐渐扩大了观众的范围，最终出现在公共舞台上。但是，为了能让观众们慢慢地接受这种他们认为有失身份的行为，他一开始引诱一些贵族的子弟加入到公开的表演中来。他对自己在演艺活动中取得的成就感到非常满意，以至于他一生中的大部分时间都用来四处表演，尽管这种成功只是他想象出来的。当然，在他的演艺生涯中，他对掌声的渴望越来越强烈，以至于自然的、普通的鼓掌方式已经不能让他感到满意，于是，他荒谬至极地安排人员为他的表演造势，使之显得很成功的样子。有一次，他花钱请一支五千人的军队在他表演的大马戏团和圆形大剧院为他鼓掌。这些人会就如何鼓掌接受定期的训练，就好像它是一门通过学习和指导才能获得的艺术。事实上，它的确是一门艺术，因为当他们鼓掌的时候，针对不同的表演内容需要采取不同的鼓掌方式。鼓掌的人必须严格按照信号鼓掌，行动必须高度一致。

他过去还常常要求在他表演期间，当观众聚齐之后就关闭剧院的大门，任何借口都不得外出。这样的规定引起了人们极大的不满，还闹了许多笑话，尤其是当这些演出的时间被拖延，节目又极度无聊的时候。哪怕一个观众突

尼禄

然发病，也不足以成为他离开的理由，因此，据说人们常常会装死，以便被抬出去"埋葬"。有的时候孕妇会把孩子生在剧院里。这些要当妈的人粗心大意地随着人群进来看演出，进来后又不允许外出，她们根本没有考虑到这种嘈杂的环境会对腹中的胎儿产生什么样的影响。

除了在舞台上唱歌和表演，尼禄还参加其他各种公共娱乐活动。他作为一名竞争者，为了获得奖励而参加赛跑以及其他体育比赛。当然，他总能成为胜利者，这一目标的实现，有时靠其他竞争者们对他的犯规耍赖表示默许，有时靠公开贿赂裁判。尼禄可笑的虚荣和自负似乎因为获奖而得到了极大的满足，但他却从来不考虑自己到底有没有资格获奖。他常常会在盛大的节日里到外国人的舞台上演出，他从那里得意洋洋地回到罗马，让人举着他获得的花环、花冠和其他装饰品走在队伍的最前面，就像从国外凯旋的杰出的指挥官们习惯了展示他们打了胜仗的战利品一样。

事实上，只有当尼禄干这样令人厌烦的傻事的时候，他才会完全出现在公众面前。他继位后，在私生活和个人性格方面愈显道德沦丧、恶贯满盈。他傍晚沉湎于酒色，午夜出发到街上去，正如前面讲的那样，混迹于城里那些粗鄙的男女之中寻衅打架。期间，他有时候会攻击在街上偶然遇到的一伙并不想打架的人，如果他们抵抗，尼禄和他的同伙就会把他们打倒，扔到沟渠或者敞开的下水道里

第九章 极度腐化与堕落

去。有时候在这些打斗中,他自己也不能幸免。有一次,当一位罗马元老和妻子在街上走着的时候,尼禄侮辱了他的妻子,这位元老一顿老拳,差点儿要了尼禄的性命。当然,这位元老不知道他就是皇帝。尼禄常常化了装去剧院,他的同伙和他一样的装扮,他们在那里寻找机会挑起事端制造混乱。无论何时,只要他能成功地将这些事端激化为打架斗殴,他的同伙就会跟着瞎起哄,向人群投掷石头或破凳子的碎片。

过了不久,他变得越来越胆大妄为,禽兽不如。最后他干脆撤掉一切伪装,以最无耻的方式,在众目睽睽之下,展示他所参与的这些极其暴力的打斗场面。事实上,他似乎还以此为乐,以此为荣。他常常在公共的圆形大剧院或圆形广场的竞技场举办盛大的宴会,和城里那些最为放荡淫乱的男男女女在那里痛饮欢庆——这真是让全世界的人民都叹为观止的景象。在罗马城里有一个为了模拟海战而修建的大型人工湖,被尼禄用来在公共庆典的时候娱乐观众。尼禄为了让宴会显得更有排场,更为盛大,在湖边安放了数以万计的凳子供观众们坐下观看。在举办宴会的时候,水会被抽干,大门会关上。湖底坦荡如砥,正好可以摆放桌子。

尼禄花在物质享受方面的钱财不计其数。事实上,他挥金如土,奢靡无度。当然,整个帝国的金银珠宝都由他支配;除此之外,他还通过处罚、没收、巧取豪夺获得了

尼禄

大量的钱财。由于他没有承担任何公共事业——对外很少发动战争,对内也很少建设罗马——他能支配的丰富的资源全都被用来满足感官的享受。他整日花天酒地,穷奢极侈;铺张扬厉,暴殄天物。他的宴会、仪仗、游赏玩乐,其盛况与奢华简直令人难以想象。据说,他对自己宠爱的臣子和女人出手阔绰,一掷千金。有时赏给他们钱财珠宝,有时赏给他们别墅花园以及配备豪华的马车。有一次,他要去台伯河河口游览观光,他命人在沿河两岸摆满货摊和成本高昂的帐篷,一直摆到海边。这些帐篷里提供昂贵的美味佳肴和各种各样的娱乐活动,有床和沙发可以休息。所有帐篷门口都站着美丽的女招待。当尼禄和他的随从们坐着驳船沿河而下,每到达一顶帐篷,姑娘们就会邀请皇帝一行人下船登岸,到她们的帐篷里去饮宴、玩耍、休息。他过去常常用一张金网捕鱼,渔网用猩红色的丝线搓成的细绳牵引。他有时也会以帝王出巡的阵势去意大利或者希腊游山玩水。出发时,会有一千多辆车子运送他的行李——拉车的骡子全都钉有银掌,赶骡子的车夫们全都穿着猩红色的昂贵的衣服。在浩浩荡荡的仪仗队伍中,还有数不清的脚夫以及胳膊上佩戴着贵重镯子的非洲籍的仆人,这些仆人也都骑着装饰华丽的高头大马。

  尼禄当政期间发生的最为引人注目的事情之一是所谓的"罗马大火"——这场火灾烧毁了罗马城的一大部分。当时人们普遍认为这场空前的灾难是尼禄本人的"杰作",

第九章 极度腐化与堕落

是他腐化堕落、随心所欲带来的恶果。诚然,没有确凿的证据表明这场大火是尼禄下令放的,但是,当时有一位历史学家说,大火刚刚开始燃烧的时候,有人看见几个受尼禄宠信的皇室的仆人,手里拿着易燃物和火把,挨家挨户地纵火烧房。事发当时,他本人在安提厄姆,直到大火熊熊燃烧了好几天后,他才回到罗马。如果这场火灾真是尼禄所为,他也不大可能计划烧毁如此大的一片区域。或许,他只是想烧毁皇宫附近的那几座房子,然后把它们的宅基地据为己有,以便扩建自己的宫殿。但是,根据有些作家的说法,他的确计划烧毁大半个罗马城,然后建成金碧辉煌的新罗马,他便可以青史留名。如果他果真有这些动机的话,毫无疑问,其中也夹杂着不怀好意的满足感。只要能让他治下的悲惨的臣民遭到恐吓和折磨,他就感到心满意足了。

图为尼禄处死基督徒纵火犯。根据塔西陀的记载,罗马大火不是尼禄所为,而是基督徒所为。

尼禄

当他从安提厄姆回到罗马时,火势正旺,烈焰冲天。他发现整个罗马城呈现出一派无法形容的可怕与悲惨的景象。成千上万的人被活活烧死,或被倒塌的房屋废墟活埋。街道上堆满了烧毁的家具和货物,许多男人尽管已经累得筋疲力尽,还在拼命而徒劳地救火,试图从火里救出一点点仅存的财产。恐惧和绝望让母亲们心烦意乱,面容憔悴;她们来回走动,四处寻找自己的孩子;有的痛苦地呻吟,有的疯狂地呼喊,尖锐的嗓音划过长空。尼禄兴致勃勃地欣赏着此情此景,就好像它是一场盛况空前的表演。随后,他去了一个剧院,走到舞台上自娱自乐,演唱了一首以焚毁特洛伊为主题的著名的曲子。

至少,在罗马城里,人们普遍认为,并四处传说是尼禄下令放的火。民众义愤填膺,对这个灭绝人性的魔鬼恨之入骨。事实上,尼禄后来似乎意识到了自己做得有些过分,便开始积极地采取一些措施赈灾,努力减轻人们的痛苦。他命人抬来大量帐篷,搭建在阅兵场上作为人们的临时住所;又派人运来新鲜的玉米以解决人们的温饱问题。然而,这些善行来得太晚了,根本无法改变他在人们心中的丧尽天良的形象。人们把这次可怕的灾难给他们带来的痛苦,归咎于尼禄不顾一切的邪恶的本性。于是尼禄遭到全国人民的唾弃和诅咒。

第十章

皮索的阴谋

精彩看点

皮索的阴谋的起源和本质——拉丁诗人卢坎——他和尼禄的矛盾——拉特拉努斯——他的名望——拉特朗的圣约翰大教堂——费尼乌斯·鲁福斯——一位神秘女人——密谋者们的计划和安排——福拉维乌斯的大胆提议——皇宫纵火——艾佩凯瑞丝感到不耐烦——她去了舰队——她在米塞努姆跟普罗卡鲁斯的谈话——普罗卡鲁斯向尼禄告密——尼禄感到迷惑不解——艾佩凯瑞丝被监禁——新的计划——皮索的反对——理由——一致通过最后的安排——尼禄将在剧院被杀——分派任务——塞维努斯——塞维努斯激动不安——他的小刀——他让密利楚斯为他磨刀——密利楚斯与妻子协商——他们的怀疑——密利楚斯的揭发——塞维努斯的辩解——他否认了原告的指控——尼禄满腹狐疑——最终真相大白——塞维努斯和纳塔利斯彻底坦白

第十章 皮索的阴谋

尽管罗马人通常都很畏惧尼禄的权力，以至于很长一段时间里没有人敢公开违背他的意志。然而，他的放纵和残忍却暗暗地激起了人们的厌恶和憎恨。在他的统治期内，一些有头有脸的人物策划了一起致命的阴谋，旨在推翻并杀掉暴君。这场阴谋波及面很广，可怕的程度难以想象。然而，在时机完全成熟之前，阴谋不小心被泄露了，因此，最后以失败而告终，史称"皮索的阴谋"——得名于这场阴谋的主要成员卡侬乌斯·卡尔波尼乌斯·皮索。

然而，人们认为皮索绝对不是这场阴谋的发起人，事实上，人们也不知道谁才是发起人。一大群有名望的人卷入了这场阴谋。他们性格各异，地位不同，参与这场阴谋的动机迥异。但是，要反抗尼禄这样一个残忍无情的暴君，这样的阴谋真是危险重重，对于所有那些卷入其中的人来说，如果不成功，就只能杀身成仁。因此，人们很少愿意参与到这样的阴谋中来，除非他们被逼无奈，走投无路。

尼禄

然而,这些谋反者们对尼禄的愤怒,现在看来似乎不足以成为他们谋反的理由,至少从某些例子看来是这样的。比如,谋反者中有一个非常积极的人,他就是著名的拉丁诗人卢坎。在他早期的生活中,卢坎是尼禄的主要奉承者之一,写了很多首赞美诗和十四行诗为他歌功颂德。后来,据说在一次公开的、有奖的诗歌朗诵会上,自认为在人类的一切艺术和成就方面都技高一筹的尼禄,也写了一些诗来参加比赛。然而大奖却被卢坎捧走。因此,尼禄心里充满了对他的对手的嫉妒和憎恨,他很快找到借口禁止卢坎在公共场合朗诵诗歌。这自然激起了卢坎的愤怒,并促使他加入了这场阴谋。

图为卢坎雕像,现藏于西班牙科尔多瓦。

还有一位同谋者是罗马的一名贵族,他的姓氏因为他在罗马城里的一处地产而在文明世界里变得家喻户晓。这处地产以及在其上建造的特定的房屋,后来在罗马的教会历史上名垂千古。这位贵族的名字叫普劳提乌斯·拉特拉

第十章 皮索的阴谋

努斯。如前所述,在这场阴谋被察觉后,拉特拉努斯被判处死刑,他的地产也被没收充公,宫殿和土地全都成了皇帝的囊中之物。随着时间的推移,皇帝君士坦丁把这处产业赐给了罗马教皇。从那时起,一千多年来它一直都是连续几任教皇的住所。这里还建了一座教堂,称作"拉特朗的圣约翰巴西利卡大殿",很多次理事会都在这里举行,罗马的教会历史称其为"拉特朗理事会"。教皇就职典礼的某些仪式会在这座教堂里举行,但是这座宫殿现在已无人居住。然而,即便是在废墟中,尽管有点儿荒凉凄清,它也显得极为壮观,令人印象深刻。

拉特拉努斯是一个毫无原则、荒淫无度的男人,在克劳迪乌斯统治期间,由于他和米瑟丽娜合谋而犯了大罪,被判处死刑。虽然死刑没有被执行,但是拉特拉努斯被削去了官职。这样一来,他注定会在赋闲和耻辱中过日子。克劳迪乌斯死后,尼禄继位,拉特拉努斯的罪行被彻底原谅,并通过尼禄的运作而官复原职。或许我们会以为,皇帝对他的大恩大德会使他心存感激,从而不会参与这一反对恩人的阴谋,但对于尼禄这样的暴君而言,在他的宫廷里混饭吃的人们,心里几乎没有存放感激的地方。

同谋者们的事业需要有效的军事援助。他们最为仰仗的、能给予他们这样的援助的人,是费尼乌斯·鲁福斯。他是皇家卫队的一名军官。他做事坚毅果断,深受罗马人的尊敬。他并不是这场阴谋的发起人之一,而是后来才加入的。当其他同谋者们听说他也加入了他们的行列，感到欢欣鼓舞，因为他们认为，对于他们的事业来说，有这样一个人支持是非常重要的。他们现在立刻开始采取措施实施他们的计划。

这场阴谋中有一个神秘的女人，尽管没人知道她是如何了解到这场阴谋的。她的名字是艾佩凯瑞丝。由于同谋者们的计划在实施的过程中被耽搁延误，艾佩凯瑞丝便私下一个个去找主要的同谋者，催促他们赶快行动。同谋者们没有人承认自己曾经告诉过她任何关于这场阴谋的信息，所以她如何知道的，谁也说不清楚。她是个脾气很坏的女人，像这样的女人往往如此，性子暴烈，仇恨难消。她憎恨尼禄，对于同谋者们的耽搁延误感到极不耐烦，于是不断地、热切地催促他们行动。

与此同时，同谋者们召开了各种各样的秘密会议，以便他们的计划更加完善，并为计划的实施做好准备。他们计划通过暴力手段杀掉尼禄，然后公开宣布皮索取代尼禄继任为新的皇帝。在这一方面，皮索是一个非常合适的人选。他个头高大，温文尔雅；器宇轩昂，品貌非凡；位居高官，一表人才；慷慨大方，品质高洁；深受百姓的尊敬与爱戴。他还和罗马最有名望的家族联合，在各个方面都拥有显赫的地位。人人敬仰，个个钦佩，以至于同谋者们相信，只要能立刻将尼禄赶下台，他当皇帝就是众望所归，一定能够顺利实现。因此，首先要刺杀尼禄，这是计划的

第十章 皮索的阴谋

第一步。

至于什么才是最佳的行动方案,他们进行了反复讨论和不断的磋商,最后决定接受一位名叫苏布瑞乌斯·福拉维乌斯的人的提议,当皇帝夜里在街上漫游闲逛,或狂欢饮宴的时候,由他承担刺杀皇帝的重任。事实上,虽然福拉维乌斯在提出建议的时候显得勇敢而又果断,然而最终在实施的过程中证明他并不够格。他提议在剧院里,当台下聚集了成千上万的观众,尼禄在台上演唱的时候,再伺机刺杀他。同谋者们认为通过这种大胆而拼命的方式实现他们既定的目标,实在没有必要,因此,这一方案被否决。福拉维乌斯又提议,当尼禄外出到城里去的某个晚上,在皇宫里纵火,在接下来发生的混乱中,当尼禄的卫兵们注意力被大火所吸引的时候,在街上伺机刺杀皇帝。同谋者们通过了这一方案,实施的时机则由福拉维乌斯来决定。

然而,时间在慢慢流逝,行动却没有任何进展,福拉维乌斯寻求的有利时机并没有出现。与此同时,艾佩凯瑞丝对于计划的推迟感到越来越不耐烦,她催促同谋者们赶紧行动,并强烈谴责他们胆小怯懦,优柔寡断。最后她发现自己的责备和谩骂徒劳无益,就决定离开他们,自己想办法去刺杀尼禄。

于是,她离开罗马,沿着海岸线一路向南,直达米塞努姆,前面已经讲过,此地是当时罗马帝国的一个大型海军基地。艾佩凯瑞丝去见了一些海军军官,他们中的很多人她都认识。她决定秘密地、小心谨慎地把在罗马策划的这场刺杀尼禄，然后拥戴皮索称帝的阴谋告诉他们。然而，在将这场阴谋告诉任何人之前，艾佩凯瑞丝会私下和他们交谈，暗自确定他们对尼禄及其政府的看法。如果她发现他们对尼禄颇有好感，她就闭口不提；如果有人以任何方式对尼禄表现出不满或者敌意，她就会小心翼翼地将在罗马密谋的，旨在推翻尼禄政府的这一计划告诉他。然而，她格外谨慎，决定每次只和一个人进行这样的谈话，她也不会提到任何同谋者的名字。

在这些海军军官中，有一个人名叫普罗卡鲁斯，他是艾佩凯瑞丝进行攀谈的第一个人。尼禄曾经利用他杀害了自己的母亲阿格里皮娜，因此被提拔为海军的一个小头目，手下管着几艘军舰和一千名士兵。然而，当艾佩凯瑞丝与他交谈的时候发现，普罗卡鲁斯对这次提拔并不满意。他认为自己刺杀了皇太后，犯下了如此可怕的罪过，在他看来，正如他对艾佩凯瑞丝所说的那样，他为皇帝立下了汗马功劳，应该得到更大的奖赏，而不只是当一个指挥一千人的这么个小官。艾佩凯瑞丝对他的话表示认同，她和普罗卡鲁斯谈论着他遭受的不公平待遇，以及尼禄过河拆桥、忘恩负义从而让他受到的伤害，直到她认为他已经做好了心理准备，可以加入同谋者们的行列了，这才小心翼翼地把整个计划和盘托出。

普罗卡鲁斯对她的话似乎很感兴趣，他认真地听着，

第十章 皮索的阴谋

假装诚心诚意地参与同谋者们的计划,但是谈话一结束,他立刻离开米塞努姆,动身去罗马向尼禄告发。

尼禄大吃一惊,立刻派兵前去捉拿艾佩凯瑞丝,并把她带来见他。当艾佩凯瑞丝被尼禄质问,并与普罗卡鲁斯当面对质的时候,她暗下决心,坚决否认她曾经和普罗卡鲁斯有过他所谓的这样的谈话,并假装,用她自己的话来说就是,"对于他厚颜无耻的控告感到惊讶不已"。她要求普罗卡鲁斯提供证人和证据,普罗卡鲁斯自然无法提供,因为艾佩凯瑞丝非常谨慎,在他们谈话的过程中确保没有第三人在场。普罗卡鲁斯甚至连罗马的同谋者们的名字一个都说不上来,他只能坚持声称艾佩凯瑞丝的确告诉了他阴谋的存在,并唆使他加入他们,但是艾佩凯瑞丝极力否认。尼禄感到大惑不解,他不知道该相信谁才好。后来,他把普罗卡鲁斯打发走,并把艾佩凯瑞丝投进了监狱,决定让她先待在那里,直到他调查清楚再做打算。

与此同时,当同谋者们听说艾佩凯瑞丝被捕的消息后,他们感到极度惊慌,尽管他们知道她迄今为止守口如瓶,但他们却不敢保证,每天在酷刑的折磨下,她的忠诚和决心能坚持多久。他们宁肯相信她随时都有可能屈服。由于从目前看来,福拉维乌斯并没有可能实施刺杀计划,他们开始谋求别的方式以达到他们的目的。

当时,皮索在巴伊亚好像有一座乡村别墅,就在罗马以南的海岸边,距离米塞努姆不远。尼禄过去有时候会来这里拜访皮索。现在，有些同谋者建议皮索邀请尼禄来此乡村别墅，假装为他安排了精彩的表演，请他前来观看，然后，当尼禄酒至半酣，远离卫兵的时候，让埋伏的刀斧手跳出来击杀他。然而皮索反对这一计划。他说，他考虑到对一个他邀请到自己家里来做客的朋友实施暴力行为，对他而言是极不光彩的、有损名誉的。他很乐意承担责任，以任何公正的、男人的方式杀掉这个暴君，但他决不会为了达到目的而违反神圣的好客礼节。

因此，这一计划被舍弃了。然而，据推测，皮索之所以不愿意在巴伊亚刺杀尼禄，并非仅仅考虑到自己作为主人的名誉，还有另外一个更深层次的原因。据说，他认为在朱庇特神殿宣布尼禄死亡的消息时，如果他远离罗马，这对他来说是很不安全的。他唯恐罗马的其他贵族或高级军官会在紧急情况下突然起兵，谋权篡位。事实上，在罗马有一两个位高权重的人，尤其让皮索嫉妒，他自然会小心提防，绝不可能给他们大开方便之门，使他们有可乘之机夺取皇位。为了保证自己的继位而安排在巴伊亚刺杀尼禄，以这样的方式犯下谋逆的大罪，不光让自己得不到期待中的好处，还保证了好处被憎恨的对手得到，这将会是致命的失策。因此，在巴伊亚刺杀尼禄的计划被否决了。

后来，同谋者们制定了又一个，同时也被证明是最后一个计划来实现他们的目的。当时罗马即将举办一个大型的公共庆典，他们决定趁机刺杀尼禄。在古代，有时候人

第十章 皮索的阴谋

们似乎习惯了利用这种庆典的机会向皇帝或国王提出自己的诉求。因此,他们决定让拉特拉努斯在庆典活动中寻找机会接近尼禄,假装有事要求皇帝,而其他同谋者也散布在附近,一得到信号就立刻行动。当拉特拉努斯离皇帝足够近,他就会跪下,突然用皇帝的长袍裹住他的双脚,然后将尼禄被裹住的双脚紧紧地抱在怀里,使得尼禄无法脱身,而其他的同谋者们就会冲上来用匕首刺杀尼禄。与此同时,当拉特拉努斯和他的同伴们在进行比赛的圆形广场上实施他们的刺杀行动时,皮索将待在不远处的一座庙里等待结果;而皇家卫队的上校费尼乌斯,也就是前面提到的同谋者们主要的军事依靠,将率领一支骑兵在罗马城的另一个地方严阵以待,直等尼禄被杀的消息传来,他们就穿过街道,过去拥护皮索继位,让他成为新的皇帝。据说,为了让行动博得好彩头,获得大成功,他们还安排已故皇帝克劳迪乌斯的另一个女儿,名字也叫奥克塔维娅,来到骑兵队伍中与皮索同行,似乎要将她世袭的影响力,无论好坏都和皮索

图为油画《奥克塔维娅的悲伤》。这里的奥克塔维娅是克劳迪乌斯的小女儿。

个人的知名度结合起来，以便为即将成立的新政府壮大声威。

这样，一切就安排就绪了。所有的同谋者都有自己特定的职责和任务。当实施计划的那一天慢慢地接近时，一切都似乎预示着成功。然而，正如所预料的那样，计划的成功与否显然有赖于——当拉特拉努斯抱住皇帝的双脚时那些被指定用匕首刺杀尼禄的人们的决心和忠诚。此时若有哪怕一点点动摇或害怕，整个计划都将功亏一篑。同谋者们指望的用匕首刺杀皇帝的人中，有一个名叫塞维努斯的挥霍无度的人，他是这场阴谋最早的发起人之一。根据他的言行推断，他也是这场阴谋最无畏、最坚决的发起人之一。他尤其渴望将第一刀刺入尼禄的心脏。为了得到这一特权，他说，他有一把小刀，是很久以前在一个神殿里发现的，从那以后他就留着，经常随身携带，就为了某一天能派上用场。因此，塞维努斯被安排对尼禄发起致命的一击。

随着时间日益迫近，塞维努斯想着即将面对的大事，似乎变得越来越兴奋。他古怪而又神秘的举动引起了仆人们的注意。就在实施阴谋的头一天，他和另一名同谋者纳塔利斯进行了长久而秘密的磋商。这样的情况让仆人们更加好奇。他正式地执行他的遗嘱，就好像他正面临某种极大的危险；他赠给仆人们礼物，甚至解放了一两个他最喜欢的奴隶；他和所有遇到的人谈论着各种各样的话题，语调

第十章 皮索的阴谋

急促，语无伦次，虽然显出轻松愉快的样子，但人人都看得很清楚，他这是装出来的，因为在谈话的间隙，或者每次停下来的时候，他就会重新进入若有所思、心不在焉的状态，就好像他正在盘算某种深藏不露、生死攸关的计划。

那天晚上，他又从刀鞘里抽出他的小刀，递给一个名叫密利楚斯的仆人，让他去把刀磨一磨。他告诉密利楚斯尤其要留心把刀尖磨利。在密利楚斯把小刀拿回来之前，塞维努斯又让他去准备用来包扎伤口或止血的绷带之类的东西。密利楚斯遵照所有这些嘱咐，根据塞维努斯的要求做好了一切准备。但他最后还是留着那把小刀，并把整件事情跟妻子说了，以便和她讨论所有这些神秘的举动到底意味着什么。

密利楚斯的妻子很快便得出结论，这些神秘的举动一定意味着皇帝的生命危在旦夕；她敦促丈夫第二天一大早就去皇帝面前揭发这场阴谋。她告诉他，这样的阴谋不可能成功，因为肯定有很多人都知道内幕，其中一定有人会为了得到奖赏而告密。她补充道："如果你去揭发他们，你就能得到这份奖赏；如果你不去揭发他们，让别人知道了以后，你就会被看作知情不报的从犯，和那些同谋者一起成为尼禄大发雷霆的牺牲品。"

密利楚斯相信了妻子的推论。第二天一大早，天刚蒙蒙亮，他就起床去了皇宫。起初他不被允许进宫，但当他执意给负责皇室安全的军官捎话，说他有最紧急、最重要的情报要报告尼禄时,他就被放了进去。当他被带到尼禄面前的时候,他讲述了整件事情的原委,尤其是描述了他观察到的情况,这些情况让他猜想一定有阴谋存在。他提到了头一天塞维努斯和纳塔利斯进行了长久而秘密的磋商,他描述了塞维努斯后来表现出来的古怪而又神秘的举动:比如说塞维努斯正式地执行了他的遗嘱;他那语调急促、语无伦次的谈话;他命令他把刀尖磨利并准备绷带。为了让自己的证词更有说服力,密利楚斯拿出了那把小刀,他一直留着就是为了揭发这场阴谋。这样一来,这把小刀从某种意义上来说,就为他所说的话提供了有力的佐证,毕竟耳听为虚,眼见为实嘛。

士兵们立刻被派去捉拿塞维努斯。他很快被带到皇帝面前。当然,塞维努斯知道,他唯一能活下来的希望,就是大胆而坚决地否认对他的控告。因此,他义正词严地否认有任何阴谋或诡计,并努力解释所有让他的仆人感到怀疑的情况。他说密利楚斯提供的小刀是家族传下来的一个古老的纪念物,他已经在自己的房间里保存了很长时间了,没曾想被他的仆人偷偷拿走,他的目的是证实他对自己主人的恶意诬告。至于他的遗嘱,他说他经常会立遗嘱,并为更新后的遗嘱签字,因为其他许多人都习惯这么做,所以他头一天立了遗嘱,这并不能说明什么。关于密利楚斯提到的,遵照他的嘱咐准备的绷带和其他包扎伤口的东西,他矢口否认,说自己并没有让他准备这些东西。整个故事

第十章 皮索的阴谋

都是一个邪恶卑鄙的奴隶编造出来的谎话，试图通过这种下作的方式置他的主人于死地。塞维努斯这一席勇敢无畏、饱含委屈的慷慨陈词，让尼禄和他的支持者们半信半疑，他们觉得可能是冤枉了塞维努斯，因此就解除了对他的监禁。如果没有密利楚斯那精明的妻子的话，这或许就是最终的结果，或许密利楚斯本人也会因为恶毒地诬告主人而受到应有的惩罚。然而，她一直都在焦急而密切地关注着这件事情的进展。最后，她提供了一条线索，才使得这场阴谋大白于天下。

她把人们的注意力引到了头一天塞维努斯和纳塔利斯进行的长久而秘密的磋商上来，因此，就这件事情，塞维努斯遭到了质疑。他宣称，自己和纳塔利斯见面是清白的，完全是为了咨询私事。然后，他被问到谈话的具体内容，当然，他的回答是被迫编造的。皇帝派人去把纳塔利斯叫了过来，并且背着塞维努斯，向他询问有关谈话的内容。当然，纳塔利斯也编了一个故事。但是和往常一样，这样分别编造出来的两种说法自然是驴唇不对马嘴。尼禄立刻相信他们两个人都有罪，背后一定有不可告人的阴谋。为了逼迫他们认罪，并供出同谋者们的姓名，尼禄命人把他们关进监狱戴上脚镣手铐，等着刑具准备妥当后给他们用刑。

后来，当他们被带到刑架前。一看到那可怕的刑具，两个人全蔫了。他们哀求饶命，保证坦白一切。他们承认的确有阴谋存在，并说出了所有参与者的名字，还详细解释了当初制订的计划。这一次，尽管他们还是被分开审讯，两个人说的却完全相同，如出一辙。尼禄和他的支持者们相信了他们的话，最后，整个阴谋真相大白。尼禄发现了自己竟然面临如此巨大的危险，他目瞪口呆，惊魂未定。

第十一章

同谋者们的结局

精彩看点

艾佩凯瑞丝否认自己知道这场阴谋——捉拿与处决——普遍恐慌——皮索之死——同谋者们心灰意冷——艾佩凯瑞丝受刑——她的死亡——同谋者们在尼禄面前受审——福拉维乌斯——鲁福斯在花园里的行为——他被控告——他乞求饶命——他被处决——福拉维乌斯被控告——他的绝地反击——行刑者的恐惧——赛内加——他的性格和在公众心目中的地位——不利于赛内加的证据——他回罗马的行程——赛内加被捕——他的辩解——那名军官的报告——尼禄决定赛内加必死——赛内加之死——鲍丽娜伤心绝望——她们救了鲍丽娜的性命——执政官维斯提努斯——派大军前去逮捕维斯提努斯——维斯提努斯被捕——他不同寻常的命运——尼禄感到很高兴——维斯提努斯晚宴上的客人们——全城上下一片欢腾——尼禄犒赏军队——专制政府的本质——权力的秘诀——对皮索的阴谋的怀疑

第十一章 同谋者们的结局

受到严刑逼供的塞维努斯和纳塔利斯,供出了其他参与者的名字。尼禄和他的军官们从这二人嘴里得到了所有信息之后,便立刻派人去城里四处抓捕那些被控告的人。尼禄想到了艾佩凯瑞丝,如前所述,她被投进了监狱,目前还在监禁中。他派人告知艾佩凯瑞丝:她不可能继续隐瞒下去,因为塞维努斯和纳塔利斯已经供认不讳,她唯一的出路就是彻底坦白。

这一威胁并没有令艾佩凯瑞丝产生丝毫的动摇,她否认了解任何阴谋的任何情况。

接着,尼禄命人给她用刑。刑具准备好之后,她被带到它们跟前。看到这些刑具,她依然面不改色。接着,她被放到轮子上,她那纤细而瘦弱的四肢被拉伸、脱臼、断裂,直到她尝遍了这种刑具所能带来的各种痛苦。她的意志直到最后一刻也没有动摇。后来,这些刑罚把她折磨得麻木不仁,以至于她再也感觉不到疼痛,便被人抬走接受治疗、进食、休息,以便她能恢复气力,忍受明天新一轮的折磨。

与此同时,罗马城上下都笼罩在不安与恐慌之中。尼禄加派了一倍的卫兵驻防皇宫;派遣军队驻守在城墙上和公共广场上并在街上来回巡逻。一旦有人遭到控告,便会接受审讯。由于每个人都看到自己唯一的希望就是随意地揭发别人,结果被信以为真的同谋者的名字数不胜数。一旦尼禄得到这些名字,无论是有罪的还是清白的一律都会遭到抓捕、监禁或处决。

阴谋被发现的消息一传出来,那些尚未被捕的同谋者们匆忙地赶往皮索的家。他们看到了因为惊恐绝望而俯伏在地的皮索。他们敦促他立刻前去率领一支军队,为生存而战。他们说,这或许是孤注一掷,但现在他已经没有别的选择。然而,他们却白费口舌,根本无法激起他采取行动的勇气。他们被迫放弃,让他独自面对命运。皮索切开了手臂上的血管,当尼禄派去抓捕他的士兵们破门而入的时候,他已经流血身亡。

现在,同谋者们群龙无首,彻底放弃了政变的希望,只想着如何自保,逃脱尼禄的报复。

与此同时,经过一晚上的恢复,艾佩凯瑞丝已经清醒过来。第二天早上,尼禄决定让她再次受刑。她已经动弹不得了——她的四肢在前一天受刑的时候就全断了,因此,军官们将她放进一顶轿子,以便她能被轿夫们抬到刑场。她就这样被送往刑场,但当刽子手们揭开轿帘准备抓她出

第十一章 同谋者们的结局

来的时候,他们看到了惊人的一幕:可怜的受害者把自己勒死在轿子里,永远地逃脱了他们的魔掌。她设法用捆住自己的带子的一头做了一个套索,把另一头固定在轿子中的椅子上,她成功地将套索套在脖子上,使身体吊在套索上窒息而死。轿夫们一路往前,竟然没有发觉。

期间,各种各样被控告的当事人遭到逮捕,数量盈千累万。他们被带到皇宫花园里接受审判。由尼禄和他的几名主要的军官组成的一个军事法庭就设在那里。被指控的人数量如此众多,加上看管他们的士兵们,以至于通往花园的大道挤得水泄不通,大量的人员滞留在大门口。当然,他们现在心里七上八下,烦躁不安地等着轮流接受审判。令人无法理解的是,在尼禄招来作为法官审判这些罪犯的人当中,有两个主要的同谋者,他们还没有遭到指控,一个是苏布瑞乌斯·福拉维乌斯,另一个是费尼乌斯·鲁福斯,读者或许还记得他们是这场阴谋的主要成员。福拉维乌斯曾经许诺承担在街上刺杀皇帝的任务。在审判的过程中,他就站在尼禄旁边,他向其他的同谋者们示意,如果他们点点头,他现在就准备好要刺杀尼禄。但是,鲁福斯制止了他,焦急地暗示他绝对不可造次。事实上,鲁福斯太优柔寡断而福拉维乌斯又太鲁莽。

其实,当鲁福斯被招来参加花园里对同谋者们的审判大会时,尽管他不敢不从,他还是发现自己很难面对这样一个危机四伏的差事。最后,他在众人当中找到自己的位

尼禄

子,他强迫自己审判那些同谋者,表面强装镇定,内心里却烦乱紧张。暂时没有人背叛他,但是后来在审判塞维努斯的时候,他急切地想要表现出对尼禄的忠心,因而"表演"得有些过火,竟然连珠炮般地质问塞维努斯。后来塞维努斯气急败坏地转向他,说道:"你怎么也会问这样的问题?在罗马,没人比你更清楚这场阴谋了,如果你想对这位仁慈的、正直的国君忠心耿耿,那么你就亲自告诉他整件事情的来龙去脉,以此表示你对皇帝的感激之情。"

鲁福斯被这突如其来的控告彻底击垮了,他无言以对。他试图开口说话,却支支吾吾、结结巴巴,什么也说不出来,然后跌落在椅子中,面色苍白,浑身发抖,茫然不知所措。尼禄和军事法庭的其他成员相信他一定有罪。他被抓住并戴上了镣铐。他和其他人一样,经过简单的审讯之后,就被判处死刑。他哀哀切切地乞求饶命,但尼禄残忍无情,立刻处死了他。

同谋者福拉维乌斯在面对控告的时候,展示出了完全不同的个性。起初,他否认对他的控告,他用自己一贯的高尚人品和整个人生经历作为他清白的证据。然而,那些举报他的人很快便提供了证明他有罪的无可置疑的证据。他立刻改变了立场,公开承认他的确参与了这场阴谋,哪怕是在尼禄面前,他也为之感到骄傲。当尼禄问他怎么可以违背自己效忠皇帝的誓言,阴谋对君主的性命不利时,他公然而愤怒地反抗道:"那是因为我厌恶你、憎恨你,

第十一章 同谋者们的结局

因为你是一个不近人情的妖怪。在你的军队中，曾经没有人比我更忠诚，但那样的时代已经过去了。你的残忍和你犯下的罪过让全世界的人们对你充满了厌恶和憎恨。你谋杀了你的亲生母亲，又谋杀了你的妻子，而且你还是一个毁灭罗马城的纵火犯。你对这些十恶不赦的罪恶还感到不满意，又在全罗马人的心中腐化堕落成了一个最为卑鄙的江湖艺人和跳梁小丑，以至于成了众人耻笑和厌恶的对象。我恨你，我鄙视你。"

当然，听到这样激烈的言辞，尼禄惊得目瞪口呆，以前除了他的母亲，从未有人敢如此大胆地违抗并谩骂他。惊愕过后，继之而来的是狂怒，他命令手下将福拉维乌斯拖出去立刻斩首。

行刑的百夫长将福拉维乌斯带出城，来到一片田野上，然后命令士兵们开始挖掘坟墓。在使用军法处死某人时，他们往往会挖掘坟墓，而福拉维乌斯则做别的必要的准备。士兵们匆忙地挖着，马马虎虎，敷衍了事。福拉维乌斯在一旁嘲笑他们，他轻蔑地问道："你们认为军人的坟墓这样挖合适吗？"最后，一切准备就绪，生死关头终于来了。当福拉维乌斯露出脖子，走上前去勇敢地接受自己的命运时，他调侃地告诫那位行刑的刽子手要坚定果断。他说："我倒是有胆量接受自己的命运，就是不知道你有没有胆量砍下我的头。"在这样的情况下，要砍下这样的一个人的脑袋，当然即便是对于一个罗马士兵而言，也是一件非常可怕的

尼禄

苦差事。这名刽子手在行刑的过程中心神不定。砍头本应该一鼓作气、一蹴而就,但他发现自己在砍下去的一瞬间,手软腿酸,力气全无,以至于他不得不再补一刀,才使得福拉维乌斯的头颅与身体分离。这名军官担心当他把福拉维乌斯的头颅呈到尼禄面前时,可能会引起尼禄对他的怀疑,就好像他没能迅速而果断地砍死这位谋逆者。因此,当他回去向尼禄复命的时候,吹嘘道:"我让这个反贼死了两次,两刀结果了他的狗命。"就好像他是故意地砍了福拉维乌斯两刀似的。

然而,或许在这场最为不幸的阴谋中,最令人感到悲哀的是赛内加的命运。读者可还记得,赛内加早年一直是尼禄的老师和监护人,后来成为他的政府的一位大臣。他现在已年近古稀。他不仅因为长期以来位居高官而受到尊敬,还因为文化修养和高洁的品性而受人仰慕。事实上,他那些汗牛充栋的著作为他赢得了广泛的文学声誉。

但是尼禄憎恨赛内加,早就想把他扫地出门。根据当时的报告,人们普遍认为,

图为赛内加雕像。

第十一章 同谋者们的结局

尼禄曾经试图毒死他。无论事实如何,毫无疑问,他想找机会对付赛内加。这场阴谋发展到最后,恰恰给他提供了这样的一个机会。

在纳塔利斯的证词中,他说,他认为赛内加和这场阴谋有牵连,因为他想起有一次赛内加生病在家,他被派去向他传达皮索的消息。消息是:皮索多次登门拜访他,也就是赛内加,却都吃了闭门羹。赛内加的回答是:他之所以闭门谢客,是因为他身体欠佳,但是他对皮索非常友好,并祝愿他飞黄腾达,马到成功。

尼禄认为这就是赛内加秘密参与这场阴谋、暗自挑唆皮索造反的证据。他决定,首先派一名军官率领一队士兵前去逮捕他,然后告诉他所犯的罪行。赛内加当时不在罗马,而是去了一个名为坎帕尼亚的美丽乡村。坎帕尼亚位于罗马以南,米塞努姆以北。然而,他那天正在回罗马的路上,在一座属于他的、名为诺蒙特努姆的、离罗马几英里远的别墅里过夜。尼禄派去捉拿他的军官西尔瓦努斯就是在这里遇到了他。当西尔瓦努斯和他的士兵们到来的时候,赛内加正和他的妻子鲍丽娜坐在晚餐桌旁享用美食。

士兵们包围别墅,以防任何人逃跑。门口也安排了士兵。西尔瓦努斯和一些同伴走进别墅,走进赛内加正在就餐的大厅,然后向他说明来意。西尔瓦努斯重复了纳塔利斯提供的关于皮索和赛内加之间传递信息的证词。赛内加承认这是事实,但他宣称他传递给皮索的消息,仅仅是出于礼貌和友好，所以这么日常的套话根本说明不了什么。西尔瓦努斯发现再也得不到别的解释，就把赛内加留在别墅里，并派重兵把守，自己则回罗马向尼禄汇报。

当尼禄听了西尔瓦努斯的报告，就问他，赛内加在听到对自己的指控时，有没有吓得魂飞魄散，当晚有没有自杀的可能。西尔瓦努斯回答道："没有。他一点儿都没有表现出来害怕、激动、悔恨或难过，他的言行表明他头脑冷静，坚定自信。"

尼禄回答道："回去告诉他，让他做好必死的准备。"

西尔瓦努斯听到这样的命令简直惊呆了。他真的不敢相信尼禄会把这样一个年事已高、博学多才、亦师亦父的人处死。因此，他没有直接回到赛内加的别墅，而是去找皇家卫队的军官，请他拿主意。尽管这位上校也是同谋者之一，但是还没有被揭发，还是自由之身。他因为迫在眉睫的危险而害怕得浑身发抖。听了西尔瓦努斯的诉说，上校说道，除了老老实实地去传达皇帝的旨意，再别无他法。

因此，西尔瓦努斯无奈地回到了赛内加的别墅，但他不忍心亲自把这样的消息告诉他，于是，便派了一名百夫长进去传达皇帝的旨意。

赛内加心平气和地接旨，立刻开始准备结束自己的生命。他的妻子坚持要和他共赴黄泉。他把亲友们叫到一起，一一嘱咐他们，跟他们说再见，然后命令仆人们做好切开他的血管的准备。接下来发生的可怕而伤心的、关于死亡

第十一章 同谋者们的结局

和哀悼的一幕,让古代史所描绘的时期变得异常黑暗,因为此情此景实在惨不忍睹,又岂是笔墨能描绘得了的!塞内加的镇定,跟亲友们的伤心欲绝、大放悲声,以及和鲍丽娜绝望的沉默形成了鲜明的对照。塞内加的血管被切开后,血一开始并没有流出来,于是就借助各种人工的方式,加速生命迹象的消失。最后,塞内加终于停止了呼吸。然

图为名画《塞内加自杀》。在尼禄的逼迫下,塞内加选择了自杀。

后,家人们哭天抹泪地乞求士兵们,允许他们如果还来得及的话,挽救鲍丽娜的性命。士兵们同意了。因此,当鲍丽娜无助地在他们面前昏迷过去时,女人们把她的伤口包扎好,止住了血。她们精心地照料她,希望她能活下来。她们成功了,她活了下来,确切地说,是貌似活了下来。因为在她随后度过的孤寂凄凉的几年中,她再也没有恢复

尼禄

到以前的状态。

　　这场阴谋的发现,在尼禄心中激起的狂怒,使得另外一名位高权重的罗马公民蒙冤受屈,他就是执政官维斯提努斯。维斯提努斯品德高尚,从来都不会摧眉折腰事权贵,因而总会拂逆尼禄的面子。他执政官的位子是帝国最高的民事官职,对罗马人的影响很大,因而尼禄对他又恨又怕。事实上,他的个性如此独立,如此"难驾驭",正如他们有时候会如此评价他的那样,以至于同谋者们在经过深思熟虑之后,决定放弃让他入伙的念头。尽管他如此清白,当然尼禄并不知道这一事实,但是无论如何,这样一个可以消灭仇敌的机会岂能就此放过!因此,在阴谋被发现后不久,尼禄就派了一名保民官,让他率领五百名士兵去逮捕这位执政官。

　　尼禄派了这样一支军队前去逮捕这位执政官,部分是由于执政官身居高位,尼禄不知道他会采取什么样的抵抗措施;部分是由于他的府邸坐落在罗马城里最开阔的地方,俯瞰着罗马广场,而且本身就是一座城堡。维斯提努斯众多的家丁和家臣,足以构成一支保家护院的武装力量。碰巧的是,当尼禄派人前去逮捕他的时候,他正在家里宴请一大拨朋友。欢宴突然中断了。这么多士兵突然出现,让所有的人都惊慌失措,恐惧不安。他们封锁了所有的出入口和道路,将这所宅子团团围住。里面的人一个也不许出来,就好像他们包围的是敌人的城堡一样。几名家丁被派

第十一章 同谋者们的结局

进去传话。他们走进维斯提努斯的宴会大厅,告诉维斯提努斯保民官有重要的事情和他商议。

执政官深知尼禄的性格以及这个暴君对他心怀仇恨;他清楚地看到这场阴谋正好给了尼禄迫害自己的机会,因此,他马上意识到自己大限已到。在这个可怕的紧急关头,他的做法和他一贯的不屈不挠的性格相一致:他没有服从保民官的召唤,而是立刻去了一个私密的房间。他准备好洗澡水,躺进澡盆里以便促进血液的流动,然后召唤他的医生切开了他的血管,几分钟之后他便停止了呼吸。

当执政官的死讯被报告给尼禄,他自然十分满意。然而,他继续让士兵们包围执政官的宅子,将客人们监禁在宴会厅里长达几个时辰。当然,在这期间,客人们的心里充满了忧惧与悲痛,因为在危急关头,每个人都必然会有这样的感觉。当客人们的焦虑和激动被报告给尼禄时,他开心极了。他说,他们终于为执政官的这顿晚餐付出了代价。就这样,他让执政官的客人们心惊肉跳地度过了好几个时辰,直到天亮才命令士兵们撤离。

这场阴谋使得成千上万的人成为尼禄用来撒气解恨的牺牲品。受害者的人数如此众多,以至于街上连续好几天都不断地在上演行刑的场面,或者走过送葬的队伍。悲伤与荒乱的气氛笼罩着全城。然而,没有一个人敢表现出哪怕一丁点儿的伤心或恐惧。人们担心,对受害者的同情或者对自己的担忧,都会被看作证据,证明他们与这场阴谋有牵连。因为许多被处死的人,都是以这样或那样的借口,或者无足轻重的伪证而被判刑的。因此,对于每个人而言,哪怕被杀害的是他们最亲密的朋友,也被迫装出兴高采烈的样子,因为针对如此"英明"如此"优秀"的君主的阴谋被曝光了,"罪大恶极"的"反贼们"得到了应有的惩罚。失去了儿子的父母,失去了丈夫的妻子和失去了父亲的孩子,无论走到哪里都被迫装出高兴的样子,一起向皇帝表示庆贺。他们还组织了锣鼓喧天的游行、热情洋溢的演讲、品种丰富的供奉、五花八门的比赛、精彩绝伦的表演。家家户户张灯结彩,全城上下一片欢腾。就这样,罗马城里虽然表面上一派祥和的景象,但人们的内心深处却暗流涌动,充满了焦虑、悲伤与恐惧。

最后,当足够数量的罗马公民被杀害后,尼禄集合军队,就这场阴谋以及自己有幸脱离危险做了一场演讲。之后,他从国库支取了一大笔钱分给军队,以便每个士兵都能分到一份慷慨的赏赐;他还从公共粮仓中拿出大量的粮食分拨给军队。这一行为以及它所反映出来的尼禄和军队之间的关系,解释了一个旁人难以理解的神秘现象,那就是一个人怎么可能让古罗马那样庞大的帝国中的芸芸众生,完完全全地臣服于他的统治之下?以至于他一句话或一点头,就能让任何最有名望、最有影响力的人被抓捕并砍头,或者用刀剑刺穿他们的心脏?答案就是军队。给独裁的暴君十万或者二十万亡命之徒,组织起来,全副武装,

第十一章 同谋者们的结局

签订契约，契约中写道："帮我掌控、压制并掠夺劳苦大众，我就会给你一大笔战利品，而且这份工作非常容易。"世界上存在的政府通常都是按照这一契约形成的。庞大的军队获得授权通过有计划地掠夺成千上万的、默默地辛勤劳作的、为全世界提供衣食的劳苦大众，从而获得自己的回报。人类现在开始发现并采用的补救方法同样简单。成千上万辛勤劳作的劳苦大众正学着将武器牢牢地掌握在自己手中，防止军队集结起来变得趾高气扬、残忍暴虐，以至于达到专制的、不负责任的程度。

在尼禄的例子中，人们对罗马军团可怕的力量如此敬畏，甚至连元老院的元老们都恭敬地向他们鞠躬；他们和其他人一起，奉承可恨的暴君；他们颁布法令，规定献祭的祭品和公共感恩活动；他们修建新的神殿，向神灵表达感激之情，因为他们显灵解救了皇帝；他们创立新的比赛和节庆，表达全民欢腾的心情；他们修建雕塑和纪念碑，纪念那些检

图为尼禄雕像。

尼禄

举揭发阴谋有功的人;密利楚斯献出的、差点儿把尼禄杀死的那把小刀或匕首被刻上了合适的铭文,当作一个圣物,庄严地保存在罗马城里的一个神殿里,供子孙后代瞻仰。总之,暴君逃过一劫,他迫使人们装出兴高采烈的样子,但这种快乐是广大的人民群众本来就应该得到的。

然而,尽管如此,根据民众对尼禄本性的判断,当时人们认为,事实上,从此以后人们一直这样认为,到底有没有所谓的阴谋是值得高度怀疑的。人们普遍相信,所谓的发现了阴谋只是尼禄的精心设计,只为给自己提供貌似可信的借口,用来杀害大量对他心怀憎恶的人们。我们也许无法相信,罪恶滔天的尼禄竟然能统治罗马人这么长时间却没有激起他们的拼死反抗。或许我们会接受这种观点,并认为这场著名的阴谋完全是他的胡编乱造。

第十二章

希腊之旅

精彩看点

尼禄比以往更加堕落、无耻——他出现在公共舞台上——对演员们的评价——元老院的行动——剧院里的激动情绪——皇帝有失尊严的行为——授予尼禄的奖励和荣誉——奥林匹克运动会——平原——规则——奥林匹克运动会初步的安排——奥林匹克运动会上的各种比赛和表演——尼禄出发去希腊——他的随行人员——他在希腊的行程——观众云集——尼禄赢得雷鸣般的掌声——橄榄枝花冠——仪式——献祭和节庆——尼禄在奥林匹亚——他的战车比赛——尼禄获奖——他向罗马频繁传递捷报——他计划打通科林斯地峡——破土动工——黄金鹤嘴锄——贺利乌斯恳请尼禄回罗马——尼禄回国——他的队伍——他的奖品——他的航程——危险的海难——回罗马的旅程——他凯旋进城——他的行动——他继续歌唱训练——弗耐思库斯——公开表演——财政吃紧——毕苏斯的故事——尼禄派人去非洲寻宝——他的失望——黄粱美梦

第十二章 希腊之旅

皮索谋逆是真是假，我们难下定论。他的阴谋遭到揭露以及随之而来的杀人如麻、血流成河的白色恐怖——这两件事情引起的兴奋和激动刚刚过去，尼禄便又恢复了往日的生活方式。事实上，他比以往更加野蛮凶残、堕落不堪。白天他慵懒怠惰，晚上则饮宴闹事。因此，他很快成为公众鄙视和厌恶的对象。现在他唯一所想的，似乎是在舞台上当一个出类拔萃、名扬四海的演员或者歌唱家。

前面两章讲述的阴谋过后不久，当它引起的兴奋和激动慢慢消退之后，公众的注意力开始转向日益临近的一个重大节日，到时候会有丰富多彩的表演和比赛，被称为"五年赛事"，因其每五年才举办一次而得名。在该赛事中，表演的一个主要环节就是专门为参赛选手准备的有奖竞赛。这些奖项一部分是为那些在运动、力量和灵活度方面的优胜者准备的；其余的则是为歌手、舞者和公共舞台上的其他演员准备的。尼禄经不住诱惑，想要利用这一重

尼禄

要的时机展示自己的才华,所以就准备作为竞争者与其他演员和江湖艺人一起争夺演艺奖。

在古代,人们对公共舞台上演员的看法几乎和现在一样。演员赢得掌声,受到吹捧,获得拥抱,收入丰厚,但他们的社会地位却非常低。就拿现在来说吧,有时候著名的歌星财源滚滚,日进斗金,或许他们的收入不是国家最高大臣薪水的两三倍,而是十倍。他们往往会受到社会最高阶层的关注和吹捧;在大街上总被追星族围追堵截;在城市里,总有壮观的随行队伍护送他们。然而,几乎没有哪个来自于较高阶层的、受人尊敬的公民,在看到自己的儿女就在旁边的舞台上表演时,而不感到丢人现眼的。

同样,在尼禄的时代,当罗马的公众看到帝国的最高军事长官公开地在台上表演,迫切地与唱歌的男女、低贱的喜剧演员、舞者、小丑以及诸如此类的角色同台竞技时,他们认为这种做法实在有失身份。事实上,当五年赛事临近的时候,政府为了防止皇帝真的出现在舞台上,元老院除了颁布与五年赛事庆典相关的法令,还一致投票同意授予尼禄荣誉花冠和奖品,并承认他不必通过比赛就能成为第一名。但尼禄对此并不满意。事实上,公开地宣布他为胜利者,这样的荣誉或许对他并没有太大的吸引力。他希望享受竞赛的刺激与快乐——看着观众济济一堂地坐在面前,为他的表演陶醉入迷。在这样的时刻,听着罗马圆形大剧院里雷鸣般的掌声,那种成功的喜悦真是无以言表。

第十二章 希腊之旅

总之一句话，尼禄上台表演的动机是渴望自我展示，而不仅仅是得到荣誉和奖励。

因此，他全然不顾元老院授予他的荣誉和奖励，坚持走上舞台。他的第一个节目是朗诵一首自己作的诗。当然，这首诗赢得了经久不息的掌声。后来，他又和竖琴演奏者以及其他音乐演员同台竞技。平民百姓为他的表演热烈鼓掌，而那些受人尊敬的高层贵族却要么沉默不语，要么交头接耳、议论纷纷、低声抱怨。在这些竞赛中，参赛选手必须要遵守许多规则和限制。对于普通演员那一阶层的人来说，参赛获奖并没有什么不合适的，但是对于皇帝尼禄来说，屈尊混迹于他们当中，却会遭人轻视和嘲笑。比如，竖琴表演结束后，他会走到台前，像当时的演员们惯常的做法那样，跪下来，双手高高举过头顶，一脸谦卑的表情，似乎在恳求观众对他的表演做出肯定的裁决，然后颤抖地期待着观众的赞许。一想到向观众恳求的演员是世界上最伟大的君主，几乎统治着半个世界，而他跪拜的观众，大多数是社会底层的平民百姓，这种强烈的反差让所有受人尊敬的罗马人感到荒唐可笑。

然而，作为一个公众演员，尼禄的这些表演所获得的名声逐渐传遍了整个帝国。这件事引起了希腊众多城市的特别关注。在那里，各种比赛和表演百花齐放，让人目不暇接。其中几个城市，派代表团带着送给皇帝的花冠和花环去罗马。他们把这些花冠和花环授予皇帝，旨在表彰他在表演艺术方面表现出来的卓尔不群的技艺和才华。尼禄对授予他的这些荣誉感到非常满意，他用盛况空前的迎宾队伍接待了这些给他带来荣誉的代表团，就好像他们是至高无上的君主或国家派来的大使，前来办理最为重要的事务似的。事实上，他不仅在公共场合接见他们，设宴款待他们，还给他们安排表演，公开向他们表示关心和敬意。有一次，他邀请这样的一个代表团前来赴宴，席间一位代表求他赐予他们一首歌，他毫不犹豫就答应了。他为在座的客人们唱了一首歌，赢得了热烈的掌声。他的表演在客人们心中激起的热情让他心花怒放，以至于他大声惊呼道："终究希腊人才是唯一具有音乐品位的人。"他说，除了他们，没人能理解或者欣赏一首好歌。

古希腊所有庆祝活动中，最著名的当属奥林匹克运动会。这些比赛形成了一个全国性的、盛大的节日庆典，在伯罗奔尼撒半岛西部的一个被称作"奥林匹亚平地"的地方，每四年举办一次。这个依山傍水的平地仅有一平方英里大小。在这里修建了适合各种比赛和表演的场馆，以及供观众们吃住的公寓。每当奥林匹克运动会开幕前，人们就会从希腊各地云集到此，见证这神圣而庄严的时刻。然而观众全是男性，因为除了几个修女有应尽的职责以外，女人们是不允许在场的，如果违反了这条规定就会被处死。由于法律规定，如果哪位女士女扮男装前来观看比赛和表演，一经发现，就会被抓住扔下附近的悬崖活活摔死。然而，

第十二章 希腊之旅

据说这样的事情只发生过一次，但那位女士最终被原谅了，因为她的父亲、兄弟和儿子全都在比赛中获胜了。

奥林匹克运动会连续进行五天，整个流程都做了总体的安排，裁判员由奥林匹亚平地所在的城邦伊利斯政府任

图为艺术家笔下的奥林匹亚。

命。附近有一个体育馆，那些意欲参赛的人已习惯在那里接受训练。这样的训练几乎需要一年时间，正式比赛前的一个月内，要在这个体育场进行彩排，其形式跟正式的比赛别无二致。有一大批定期组织的警察来维持秩序。被正式任命的裁判员们判定比赛的输赢，并给优胜者颁奖。这些裁判员在就职的时候要庄严地宣誓，通过这些誓言，他

们保证会勇敢、公正地做出评判。

当那一刻终于来临，通过供奉牺牲，宣告节日的开始。祭祀仪式以最为令人难忘和庄严的方式进行。第二天早上天一破晓，比赛和竞赛就开始了，包括赛跑、跳跃、摔跤、拳击、掷铁饼以及各种形式的音乐和诗歌表演。赛跑又分为战车比赛、骑马比赛和徒步比赛。徒步比赛的运动员，有时轻装上阵，有时则穿着沉重的盔甲。在这些竞赛中获奖，在整个希腊社会中被认为是至高无上的荣誉。

带着赞美和花冠来拜见尼禄的希腊代表团，对他在罗马的公开表演表示了敬慕与赞赏。他们走后不久，碰巧举办奥林匹克运动会的日子也一天天地接近了。怪不得这场盛大的赛事会如此强烈地吸引尼禄的注意，并激发他的兴趣。简而言之，他决定去希腊，在奥林匹亚平地上万头攒动的、地位尊贵的观众面前展示自己的才华。

因此，他组织了一个声势浩大的随行团队准备出发。这个团队的人数堪比军队，实际上却只是一个演出团队，其成员或多或少都和舞台有关联，包括喜剧演员、小丑、歌手、舞者、乐师和摔跤运动员以及一大群闲散无聊、腐化堕落的男女。所以，他们的行李主要是竖琴、小提琴、面具、厚底靴以及那时常用的其他舞台道具。这有别于以往，当一个伟大的罗马指挥官率领部队穿过意大利平原时，行李都是武器和军需物资。带着这些人，尼禄到了意大利东海岸，从那里坐上早已为他准备好的帆船，横渡亚得里

第十二章 希腊之旅

亚海,然后到达了希腊海岸。

他们在科西拉岛北边的一个小镇卡西欧沛登陆。那里有一座朱庇特神殿,是尼禄希腊之旅的第一站。他一登岸似乎就急不可耐地想让希腊人民小小地见识一下他的才华。登陆后他就坐船向希腊腹地行进,一路上经过的所有城市他都会停下来表演、歌唱、游玩。由于离奥林匹克运动会还有几个月,尼禄有足够的时间享受这次自由而随意的旅行。当然,他每到一处都会赢得经久不息的掌声,这自然是因为在通常情况下,那些最乐意参与这种娱乐活动的人,也是最希望尼禄作为演员展示自己的人。他们云集到此作他忠实的观众。这样一来,恰恰是那些正直善良、有文化、有修养的人留在了家里,而这片土地上那些懒汉闲妇、放荡不羁的人却如潮水般涌来,观看他们至高无上的来访者为他们提供的节目。当然,这些人认为,这样一位尊贵的君主为了给他们带来快乐,竟然如此卖力地表演,这对于他们而言无疑是一份莫大的荣耀。因此,无论尼禄走到哪里,身后总会有一大批跟随者;他的节目无论好坏,在人们的言谈中总是赞不绝口;在剧院的表演中总是掌声雷动。结果,尼禄为自己的表演在希腊各地激起的热情而感到欢欣鼓舞。在希腊众多的城市受到如此热情的欢迎和接待,似乎实现了他最大的梦想。

人们总是认为,尼禄把九五之尊的重大责任扔到一边,只是为了混迹于这些场合,参与希腊最普通的剧院和马戏

尼禄

团举行的竞赛，这充分证明了他自轻自贱、自甘堕落。然而，他很乐意作为参赛者出现在奥林匹克运动会上，这并不让人感到奇怪，因为这些比赛比当时其他任何体育、军事竞技都更为著名。在这些比赛中获胜，其荣誉是无价的。的确，授予胜利者的奖品本身是没有价值的，没有金冠，没有银杯，也没有大笔钱财作为资助，唯一的奖励就是一个橄榄枝花冠，在竞赛结束的时候被戴在胜利者的头上。有关这顶花冠的一切都与令人印象深刻的、稀奇古怪的仪式相关。做花冠的橄榄枝条是从奥林匹亚一个果园里的一棵神圣的橄榄树上采下来的。据说这棵树起初是由大力神赫拉克勒斯从住在遥远的北方的希伯尔波瑞安人的国度移来种在奥林匹亚的，并得到了精心的保护，为比赛中的胜利者提供花冠。做花冠的橄榄枝条，是由一名特意被选中的少年，用一把专用的金镰刀从这棵神树上砍下来的。当给胜利者戴花冠的时候，他们被带到济济一堂的观众面前，站到一个起初用青铜铸成、在后来往往用象牙或金子制成的三角桌上。他们手拿通常象征着胜利的棕榈叶。传令官会在庄严的仪式上宣布他们的名字、他们父亲的名字以及他们祖国的名称，然后把橄榄枝花冠戴到他们的头上。接下来是盛大的游行、供奉和盛宴，借以纪念这一庄严的时刻。之后，庆典宣告结束。当胜利者回到自己的祖国，游行队伍会簇拥着他们进入首都。在这里他们被授予象征至高殊荣的豁免权。

第十二章 希腊之旅

最后,当奥林匹克运动会开幕的时候,尼禄和其他从希腊各地赶来这里的比肩接踵的参赛者们进入了会场,在这里跟当时所有普通的歌手和运动员们参加了比赛。音乐的优胜奖被颁给了尼禄。然而,人们普遍认为是因为他贿赂了裁判,所以才会获胜。尼禄还参加了战车比赛,他也成功获胜,但是这次给他颁奖显然公开地违反了规则。比赛中,他承担驾驭十匹马的任务,但他发现,这十匹马实在难以控制。马儿们根本不听他的使唤,他还从马车上摔下来受了重伤,不能完成比赛。然而,尼禄坚持认为事故和伤亡根本不用考虑,要不是因为他受了伤,他绝对能够战胜他的对手们,他要求裁判应该把大奖颁给他。让他欣喜若狂的是,裁判竟然照他说的把大奖颁给了他。他们的确发过重誓,要公平公正地做出裁决,但在世界历史的长河中,人们发现,正式的宣言也不能违抗皇帝或国王的要求或命令。

在奥林匹克运动会上取得的这些成就,本身是有名无实,毫无意义的,却似乎比以往更加激起了尼禄的虚荣和梦想。比赛结束后,他没有回罗马,而是开始了另一次穿越希腊腹地的旅行,在所有经过的城市里歌唱、游玩,挑战所有前来拜见他并与他争夺大奖的著名演员们。

当然,在这次旅行中,奖品总是会颁给尼禄,正如在奥林匹克运动会上一样。每次表演过后,他总会给家里写信,把自己胜利的消息告诉罗马元老院,就像以前的皇帝总是习惯给罗马元老院发送战报通知军队的进展以及他们在战斗中获胜的情况。尼禄的贪慕虚荣、愚不可及，简直令人难以置信，他竟然要求元老院在罗马举行宗教庆典和供奉以及盛大的游行，以便宣传并纪念这些伟大的胜利，并表达人们对神灵的感激，因为这些成功是神灵的恩赐。他不满足只在罗马组织欢庆的游行队伍，所以就要求元老院颁布命令，在罗马帝国所有的城镇组织同样的游行队伍。

  尼禄访问希腊期间曾经做过一件有可能会成为利国利民的大事。但是他在做这件事的过程中干尽傻事，贻笑大方。不出所料，这件事惨遭失败。他设想的计划是挖通科林斯地峡，以便打开爱奥尼亚和爱琴海之间的水上通道。那时，伯罗奔尼撒半岛海岸边每年都会发生多起海难，往往伴随着严重的财产和生命损失。他认为，这样的一条运河能让许多大船省去绕道伯罗奔尼撒半岛的漫长而又危险的旅程，从而避免发生海难的危险。如果在实施的过程中采取正确而有效的方法，那么这一计划本身是非常有意义的。但是在这方面，他所做的似乎完全只是为了作秀。他用华而不实的仪式启动了这项工程，但他似乎并不想继续后续的工作，只是招来熙熙攘攘的人群来见证这一时刻并用节目和表演来娱乐观众。然后，他做了一个演讲表明自己的主张，并做出承诺。随后他率领卫队以及浩浩荡荡看热闹的人们，一路上载歌载舞，来到将要破土动工的地方。

第十二章　希腊之旅

他在这里用一把专门为此打造的黄金鹤嘴锄挖了三下，然后把挖下来的泥土放进一个篮子里。他把篮子带到不远处，把泥土撒在地上。这一仪式意味着运河动工。仪式结束后，人群散去，尼禄在卫兵们的护送下回到了离现场几英里远的科林斯城。

但从那以后，并没有任何实质性的工作进展。尼禄的确颁布了命令，要求希腊所有的罪犯都去科林斯地峡挖运河。一些犹太俘虏曾经被征用来挖运河，但是不知道为什么，实质性的工作一点儿都没有进展。

与此同时，尼禄将罗马政府交到了一个名叫赫利乌斯的卑鄙无耻的宠臣手里，在尼禄离开期间，由赫利乌斯来掌管军队，所有居民的生死荣辱全都掌握在他的手里。不出所料，他采用高压政策进行残酷的统治，试图威慑并使那些处于他的统治下的人们俯首帖耳。结果他激起了人们普遍的仇恨和敌意。事情发展到后来，形势变得如此令人担忧，以至于这一次轮到赫利乌斯害怕了。他开始派人去恳请尼禄回罗马。尼禄起初并没有把这些请求放在心上。然而，形势变得更为危急，已经到了火烧眉毛的程度。全面暴动一触即发，赫利乌斯十万火急地派了一拨又一拨信使前去面见尼禄，对他说如果他不希望自己面临毁灭的话，就火速回来。但是，乐不思蜀的尼禄给他的回答都是一样的，如果赫利乌斯真的对他这个皇帝敬爱有加，他就不该嫉妒他在希腊获得的荣耀，不该催他回来，而应该祝

尼禄

愿他完全获得胜利以后再凯旋。最后，对千钧一发的危险感到绝望的赫利乌斯离开罗马，快马加鞭、星夜兼程地去希腊面见尼禄，对罗马的形势做了如此这般的说明之后，尼禄这才极不情愿地决定回家。

因此，他又一次浩浩荡荡地出发了，在罗马卫队的护卫下，带着他那由歌手、舞者、诗人、演员和江湖艺人组成的队伍浩浩荡荡地一路西行。他带回了在希腊各个城市获得的奖品，据说这些奖品的数量超过了一千八百个。在他穿过希腊回罗马的路上，他去了希腊的古都特尔斐，向一位据说能够通神的女巫咨询自己未来的运势。女巫的回答是："小心七十三。"这个回答让尼禄感到很满意，也很高兴。他确信这句话的意思是，七十三岁之前他会平平安安。而且，由于他还不到三十岁，这句神谕似乎在暗示那个不幸的日子还很遥远，所以他认为他可以完全把它抛诸脑后。因此，为了这个讨人欢喜的预言，他用最贵重的礼物答谢了女巫，接着轻松愉快地继续回罗马的旅程。

图为古罗马卫队使用的铁盔。

第十二章 希腊之旅

他乘坐的那艘船在横渡亚得里亚海返回意大利的途中遭遇了可怕的暴风雨差点儿迷失航向。船队乱作一团，很多人葬身海底，尼禄本人也九死一生。他的一些随从看到他命悬一线，似乎喜出望外，因为他飞扬跋扈，心狠手辣，所有受他高压统治的人都对他恨之入骨，似乎只要能亲眼见证尼禄的毁灭，他们甚至愿意牺牲自己的生命。就在那生死存亡的关头，他们公开表现了这种情绪。然而，那艘船却奇迹般地得到了救援，尼禄上岸后，就立刻命人将这些人全都杀掉。

上岸后，他将被暴风雨驱散的剩余的人马召集到一起，组成了一支新的护卫队，向着罗马迤逦而行。在他经过的所有大城市，他都向全体公民展示他的奖品和花冠并要求他们向他致敬。当他到达罗马城门的时候，他准备以伟大的军事征服者的姿态，高奏凯歌，声势浩大地进城。城墙上被打开了一个缺口，以便浩浩荡荡的队伍能够顺利通过。尼禄驾着奥古斯都的凯旋战车，身边坐着一位著名的希腊竖琴乐师，头戴一顶奥林匹克花冠，手里还捧着一个花冠。这辆战车前面走着一千八百个人，每人手捧一个尼禄赢得的花冠，以及一块观众可以读到的铭文。铭文的内容包括赢得花冠的地点、皇帝对手的名字、他演唱的歌曲以及其他诸如此类的细节。他就这样穿过了罗马的主要街道，向老百姓展示他的奖品，炫耀着他自己。最后，当尼禄到达皇宫时，他昂首阔步地走进去，并命人将这些花冠戴在皇宫和大厅里随处可见、不计其数的他的塑像上。他最看重的那些花冠，则被放在他的寝宫中龙榻周围最显眼的地方，以便他每天晚上休息前最后一眼看到的是它们，早上醒来时第一眼看到的还是它们。

他在罗马安顿下来后，便开始制订新的计划，发掘自己作为音乐家的天赋，希望获得比那些他已经获得的荣誉更大的成功。他对帝国的政务不闻不问，把所有时间和精力都花在培养和开发自己的艺术才华上，并热情洋溢，乐此不疲。根据当时流行的对乐师的训练习惯和方法，让他这种身份和地位的人屈尊去遵循那些规则和练习是极为可笑的。由于他的生活方式在街头巷尾被人们传得沸沸扬扬，他成了民众嘲笑和轻视的对象。为了增强肺活量，改善嗓音，他常常平躺着把一大块铅放在胸膛上，在铅块的重压下，肺部通过锻炼变得更加强健；他还吃当时据说可以强身健体、清嗓润喉的特效药；他的饮食也严格遵守要求。罗马皇帝经常有机会在军队和元老院面前演讲，但尼禄担心这样大声讲话会伤害嗓子，使声音不再美妙动听，所以他从此放弃了演讲。他有一个特殊的皇家官员，名叫弗耐思库斯，意思是"嗓子管理员"。这个官员会一直守护着他，提醒他说话不要太大声或者语速不要太快；为他开处方，想方设法保护他的嗓子不受任何伤害。在这期间，尼禄不断地在公共场合表演，尽管他的表演极其冗长而乏味，但是所有罗马贵族还是被迫前来观看，因为他们明白，

第十二章 希腊之旅

他要是不高兴了,对他们的处罚会有多么可怕。

由于尼禄继续追求自己的艺术生涯,完全将政务放在一边,一年比一年奢侈浪费、挥霍无度,最后导致财政吃紧,国库亏空。为了聚敛钱财供自己使用,他被迫借助各种手段巧取豪夺、敲诈勒索。后来,他手头变得如此拮据,以至于他竟然相信一个来自非洲的投机商人的梦境和承诺,这一不同寻常的蠢行最终让他更加囊中羞涩。这家伙名叫毕苏斯,是个迦太基人。他曾经来罗马通过贿赂尼禄的御用军官,设法得到了一个面见皇帝的机会。他说他有非常重要的情报向皇帝汇报,那就是在他非洲的土地上,有一个巨大的洞穴,里面藏着数不清的财宝。他说藏着这些宝贝的洞穴里面非常宽阔,金子堆积如山,高不可攀。他说这些金锭虽然粗糙无形,纯度却相当高。他还说这些财宝是古迦太基的皇后迪都藏在那里的,由于年代久远,已经没人知道它的存在。总之,它就是为尼禄留下的,现在只要挖出来,他就可以任意处置,使他的统治更为辉煌和荣耀。

尼禄乐不可支地听信了这个故事。由于他按捺不住激动的心情,他忙不迭地把这个妙不可言的消息告诉了身边的人们。消息很快传遍了罗马城,让三教九流、各行各业都激动不已。尼禄立刻着手组建了一支探险队,命它前去非洲把财宝运回家。他准备了多艘大帆船专门运送财宝,还派遣了一支军队负责来回护送,并指派合适的军官与毕苏斯一起去迦太基，监督财宝的转运工作。这些准备活动自然需要花费不少时日。在这个间隙，毕苏斯自然成了全民关注和敬重的焦点。而尼禄本人，发现自己马上会拥有这些取之不尽、用之不竭的金银珠宝，便将对财政的担心抛到了九霄云外，出手更为阔绰，排场更为奢华。为了让自己今朝有酒今朝醉，他把这笔还只是存在于人们的想象中的财宝分成小份，以很高的折扣售出，通过这种方式聚敛了大量的财富，供他当下吃喝享乐。

　　最后，探险队带着毕苏斯，出发赶往迦太基。但是，当他们到达目的地之后，所有寻找洞穴的努力都是徒劳的。结果证明，毕苏斯所说的所有关于洞穴以及洞穴中埋着的宝藏的话都完全出自他曾经做过的一个黄粱美梦，尽管尼禄的探险队员们在梦境提示的所有地点深信不疑地挖地三尺，但最终却没发现一件珠宝，甚至连洞穴踪影也没有发现。

第十三章

尼禄之死

精彩看点

加尔巴——他的历史——他的行省——温代克斯反叛——派去见加尔巴的大使们——理事会的讨论——加尔巴加入温代克斯的反叛阵营——尼禄在那不勒斯听到叛乱的消息——温代克斯的公告——尼禄的愤怒——他计划新的表演——新的乐器——加尔巴加入反叛者的队伍——尼禄胆战心惊——他的复仇计划——他被制止——他试图招募军队——奴隶们——尼禄绝望的境况——从埃及运来的沙子——他的逃亡计划——他心烦意乱，惊惧不安——他提议逃往埃及——他陷入绝望——那个晚上——他被卫兵们抛弃——他召唤角斗士——法恩提出了一个藏身之处——尼禄从罗马逃亡——小事件——尼禄拒绝被活埋——他钻过了院墙——他被藏了起来——法恩建议尼禄自杀——尼禄受到元老院的谴责——匕首——士兵们来法恩家里逮捕尼禄——他们试图救他——暴君死亡——加尔巴向罗马进军——七十三

第十三章 尼禄之死

在罗马历史上,尼禄的继任者是加尔巴。尽管加尔巴出自一个威名赫赫的罗马家庭,但他却出生在西班牙。他比尼禄年长四十多岁,现在已经年过七旬,而尼禄才刚刚三十岁。

在加尔巴的一生中,他曾经是一个杰出的指挥官。他步步高升,直到最后成为罗马帝国一位举足轻重的人物。尼禄后来任命他掌管西班牙一个幅员辽阔、至关重要的行省。加尔巴在这个职位上待了数年。当尼禄从希腊回罗马的时候,他正好在罗马定期履行自己在政府的职责。加尔巴本人和他身边其他政府官员对尼禄的残忍暴行感到愤怒,对他为了虚荣自甘堕落、丑态百出表示轻蔑,而这和当时在罗马民众中广泛流行的对于尼禄的态度完全一致。事实上,对暴君的愤怒和憎恨的情绪开始在整个帝国蔓延,而各地的百姓似乎都做好了反叛的准备。

当事情处于这种状态的时候,有一天,一位名叫尤利

尼禄

乌斯·温代克斯的高卢人首领派来一位信使。这位信使来到加尔巴的官邸，告诉他温代克斯已经举兵造反，反抗在高卢的罗马政府。然而，他宣布温代克斯只想反抗尼禄的统治，并许诺只要加尔巴愿意夺取帝国军队的最高指挥权，温代克斯愿意向他效忠，并将全力以赴支持他的宏图伟业。而且他还说，现在人人憎恶尼禄，毫无疑问，一旦加尔巴举起政变的大旗，整个帝国都会群起响应并支持他发动这样的革命。当温代克斯派来这名使者的同时，他所隶属的高卢行省的罗马政府也派来了一名使者，告知加尔巴温代克斯叛乱的消息，并请求他派兵援助他平定叛乱。加尔巴召开了一个军事会议，公开讨论这件事。

加尔巴的一个亲信站起来说，公开地加入温代克斯的反叛阵营，与在会议上讨论他们应该怎样做相比，前者的危险并不比后者少。他说："尼禄会认为，怀疑并犹豫是否应该派兵镇压叛军跟公开地叛乱同样不忠。因此，我建议，除非你想被看作支持叛军，否则就应该立刻派兵平叛。"

这条建议所包含的智慧给加尔巴留下了深刻的印象。他强烈地想要支持温代克斯及其起义军的事业。反复考虑之后，他暗下决心加入他们，并采取措施全面发动政变。然而，他中止了会议，并没有把他的决定告诉任何人。稍后，他派人到全省各地，命令召集他麾下的所有军队，并在全省范围内招募新军，要求他们在特定的地点集结，听他指挥。尽管没有公开地告知军队此次行动的目的，但将

第十三章 尼禄之死

士们似乎已经猜到一二,所以他们以最快的速度满心欢喜地完成了集结任务。

与此同时,温代克斯举兵造反的消息不胫而走,迅速传到了罗马,接着又传到了那不勒斯,尼禄当时正在这里登台表演。听到这条消息,尼禄似乎不惊反喜。他想,叛乱自然会被易如反掌地镇压,到时候,他正好有了借口要求叛乱的省份交纳罚金并没收叛乱者的财产,这样就能极大地充实他的国库。因此,听到叛乱的消息,他高兴得合不拢嘴,比以往更加彻底而无所顾忌地投身到他所追求并以此为乐的艺术表演事业中去。

同时,新的消息不断从罗马传来,将叛乱的最新进展告诉尼禄。消息说,温代克斯每天都在不断壮大,并向人们发布公告,号召各地的民众起来摆脱忍受多年的不光彩的压迫的枷锁。在这些公告中,皇帝被称作"布瑞赞贝尔德",被贴上了"卑鄙的小提琴手"这样的标签。这些讽刺的称呼激怒了尼禄,他给罗马元老院写信,要求他们采取措施镇压这些粗野无礼的叛军。发出这封信之后,他似乎又把叛乱的事情抛之脑后,重新把注意力放在舞蹈和表演上。

然而,他的思绪很快便被再次打乱了,因为新消息不断传来,每次的内容都比前一次更为惊人。显然,叛军已经锐不可当。尼禄被说服必须要采取有效的措施了。因此,他放弃了那不勒斯的娱乐活动。尽管极不情愿,他还是回到了罗马。他一回到首都，就召集几位主要的大臣开会，就叛乱这件事简短地征求他们的意见。然而，讨论却没有得出任何结论。随后，他拿出一些从那不勒斯带回来的、他非常感兴趣的、新发明的乐器。向委员们展示并介绍了这些乐器之后，他向他们许诺，不久以后，他就能让他们在舞台上欣赏到用这些新乐器进行的表演。他开玩笑地补充道："假如这个温代克斯同意的话。"

后来，委员们离开后，只留下尼禄在他的寝宫里。然而，一躺下来休息，他发现自己根本就睡不着。他的心思全在刚才展示的那些新式乐器上，以及期待在公共场合演奏它们的快感。后来，夜已经很深了，他又派人去把委员们叫到他的寝宫里来。他们带着激动和好奇来了，以为突然这样被召唤过来，定是有什么新的紧急的消息从高卢传来。然而，他们发现，尼禄只是想进一步介绍他展示给他们的那些乐器，并就他们走后，自己想到的对这些乐器的改进征求他们的意见。

然而，尼禄这种疯狂而愚蠢的对时势漠不关心的状态并没有持续多久，因为第二天傍晚，从北边来的一个信使带来了惊人的情报：温代克斯自立为高卢王；罗马军队中最有威望的将军加尔巴也率领麾下的所有军团加入了叛军的阵营；他现在正率领大军向罗马挺进，公然要废黜尼禄，取代他自立为皇帝。

乍一听到这些消息，尼禄惊得呆若木鸡。好长时间他

第十三章 尼禄之死

都沉默不语，一动不动，就好像惊吓过度而完全丧失了知觉和意识。当他最终恢复过来时，他又因为愤怒和恐惧而陷入了极度疯狂的状态。他掀翻了餐桌，撕破了衣服，摔碎了两个珍贵的杯子，然后开始将脑袋不断地撞向墙壁，好像他真的疯了一样。他说他被毁了，没人像他这么可怜，自己还活得好好的，皇权却要被谋反篡位的人硬生生地夺走，他完全毁了。

过了一会儿，他激动烦乱的思绪似乎被转移到了别的事情上，他将怒火发泄在他军队的将领们身上，不光是那些已经反叛的，还包括那些没有反叛的，因为他嫉恨并怀疑他们所有人。他说他相信整个军队都参与了谋反。他要向各个行省和军营发布命令，杀掉大量他认为可能会背叛他的军官。要不是大臣们出面制止，他可能真会这么做。他还提议抓住并杀掉所有那时在罗马的高卢人，作为对他们的同胞参与温代克斯的反叛的报复。他的支持者们及时的劝谏，几乎都不能阻止他这样做。

过了一段时间，尼禄恢复了镇静，他开始计划组织军队对叛军发起反攻。因此，他下令招募军队，为他们提供武器和军用物资，同时向罗马人民征收重税，以支付这些开销。然而，所有这些安排却激起了普遍的不满。人们看到皇帝做出的准备根本不足以应对这场危机，他也不可能采取任何有效的军事行动。尼禄召不到军队，因为所有适龄的青年都不愿意参加他的军队，所以为了弥补这一不足，他要求每一个奴隶主派给他一定数量的奴隶。他给他们自由，然后代替士兵被征召入伍。而且在准备军需物资的时候，他没有把注意力放在筹集足够的武器弹药、粮草马匹和其他行军打仗所需的物资上，他唯一感兴趣的似乎是召集演员、舞者，收集乐器、舞台服装和道具。为了给这一行为找借口，尼禄坦言，他不希望自己的远征会导致任何大战。他说，他到达叛军的营地时会激发他们的正义感和忠诚。他会承认他做过的所有错事，并庄严地承诺他以后的统治会更加温和、仁慈。他相信，这样一来，整个骚乱就会平息。叛军会立刻回到他们的军营。他为表演而做的这些准备就是为了庆祝和解。

当然，像这样疯狂而绝望的蠢行激起了罗马民众对尼禄的轻蔑和愤慨。全城上下躁动不安，人心惶惶。正如以往在公众恐慌时占有钱财和物资的人做的那样，他们秘密地囤积粮食，很快便导致市场上粮食短缺。事实上，罗马城正受到饥荒的威胁。在这些事情引起的惊慌和焦虑中，两艘船从埃及驶来，停在奥斯提亚。这条消息让人们欢呼雀跃，因为他们以为这两艘船运来的是玉米。然而，事实证明，船上根本就没有用来救援首都的玉米或者其他食物，而是为皇帝的圆形大剧场铺设竞技场的沙子，以便角斗士和摔跤手在表演的时候站在上面。这件事似乎让民众的愤怒达到了极限。而且此时传来消息，说叛乱已经蔓延到了德意志，日耳曼行省的所有军团都投靠了加尔巴。人们开

第十三章 尼禄之死

始认为尼禄的皇权走到了尽头。全城处处都在爆发骚乱，集会盛行，公开蔑视皇帝的权威，宣称等加尔巴到达罗马，人民就会高高兴兴地拥戴他为皇帝。

尼禄现在比以往任何时候都感到害怕，他不知道该怎么办才好。他逃离皇宫，在附近的某个花园里藏起来。然而，找到这样的一个藏身之地只是出于盲目而本能的恐惧，而不是出于任何合理的、能保证自身安全的希望。

事实上，他现在因为恐惧而变得六神无主。离开皇宫前他得到了一些毒药，把它装在小金盒里，随身带到了花园里，但他没有勇气服下毒药。接下来，他想到了一个从罗马逃离的计划。他说他会立刻动身去奥斯提亚，在那里坐船驶往埃及，他认为到了那里，叛军对他就鞭长莫及了。他问他的官员和随从们，是否愿意陪他逃亡，但他们拒绝了他的提议。

接着，他又提出了另外一个计划：他会以哀求者的身份去见加尔巴，跪在征服者面前，求他饶命。或者去罗马广场，为那里的人们做一个谦卑的演讲，乞求他们原谅他的残忍和罪行，并庄严地承诺如果他们能原谅并保护他的话，今后他绝不再干出如此过分的事情。旁观者告诉他，这样的做法根本不必考虑，因为如果他为此从藏身处走出去，还没等他到达讲坛，憎恨他的疯狂而激动的民众就会把他撕成碎片。总之，尼禄这个可怜的罪犯，心里充满了懊悔和恐惧。面对这险象环生、危机四伏的现状，他那纷乱的头脑左思右想,徒劳地寻求逃离危险的方法。事实上,他根本没有任何希望,没有保护、没有避难所、没有逃跑的可能。就这样,一个又一个不切实际的计划在他的脑海中突然出现,又突然被否定。他心里七上八下,完全不知所措。最后,他的头脑一片空白,陷入了绝望的深渊。

尽管各个行省的暴乱已成燎原之势,但罗马城里的军队,主要是皇帝的卫队依然忠诚可靠。现在,夜幕降临了,他们像往常那样,在罗马城的各个地方、在皇宫门口、在他们各自的哨位上忠于职守。尼禄想躺下休息,但他却睡意全无。半夜里,他起来走出寝宫,惊奇地发现门口竟然没有哨兵站岗。经过进一步的检查,他吃惊地发现皇宫的卫兵已经全部撤离。这一发现让他如遭雷击。他回到皇宫,叫醒一些仆人,然后一同前往住在皇宫附近的一些大臣的府邸寻求帮助。然而,家家都让他吃了闭门羹。这些大臣的府邸全都关门闭户,无论他们怎么敲门,里面都无人应声。因此,他只能悲伤而惊慌地回到他的住处。他发现,就在他离开的这短短的间隙内,有人竟然破门而入,进入皇宫偷走了所有值钱的东西,甚至他装毒药的金盒子也被拿走了。总之,这位统治半个世界的君主发现自己现在已经众叛亲离,完完全全、彻彻底底地暴露在危险中。他的卫队决定拥立加尔巴为皇帝,因此,他们半夜撤离,留下这个落难的暴君独自面对自己的命运。

图为加尔巴的雕像。

尼禄

尼禄拼命地呼喊他的仆人，去找一个角斗士来，用剑刺穿他的身体，但是没人愿去。他悲叹道："天呐！难道事情已经到了这一步？所有的人都离我而去，甚至连一个愿意留下来杀我的敌人都没有了吗？"

过了一会儿，尼禄的心情稍稍平静了一点儿，他说出了自己的愿望。他说在他想到万全之策之前，他想找个地方躲一段时间。他的一个名叫法恩的家仆告诉他，有一座农庄就在罗马城外不远的地方，或许尼禄能躲在那儿。尼禄立刻决定前往。为了安全起见，他换上了布衣麻鞋，用头巾遮住脸部，然后骑上马，在两三名随从的陪同下出了城。一路上，电闪雷鸣，尼禄吓得心惊肉跳。他料想，暴风雨是那些他杀害的人的灵魂引起的，在他身陷绝境的时候，前来折磨并捉弄他。

在路上，他碰巧经过一个哨所，当他骑马走过的时候，听到士兵们在咒骂他，并对他的落难表示欢呼。过了一会儿，他们又遇到了一个行人，当他看到尼禄和他的随从们骑马过去时，就对自己的同伴说："这些人无疑是去抓捕皇帝的。"他们在路上还遇到了一个人，挡住他们的去路，跟他们打听皇帝在城里的消息。这些小事，尽管毫无疑问地会让尼禄惶惑不安，却并没有什么危险。但后来发生的一件事情却让这个逃亡者吓破了胆。他正经过一个地方，路边摆着一具尸体，周围站着一些士兵。尼禄的坐骑看到尸体，受到了惊吓，突然跃起，将尼禄遮脸的头巾震落。

第十三章 尼禄之死

一名士兵看到了他的真容,他高呼:"那是皇帝!"尼禄慌忙赶路,一逃出人们的视线,他便翻身下马,招呼他的仆人们也下马跟着他。他跑进附近一片树林,那里全是灌木丛和野蔷薇,然后迂回着绕到了法恩的房子后面。他们停下来,藏起来,接着想办法翻过院墙。

他们附近有一个坑,是挖了沙子后留下的。法恩建议尼禄躲进坑里,直到他在院墙上打开缺口。但是尼禄拒绝这样做,说他不想被活埋。所以当法恩到院墙根上挖洞的时候,尼禄还是躲在灌木丛里。

院墙不是很坚固,否则法恩也不可能打算用手头的工具在墙上挖开一个通道。尽管困难重重,但他还是成功地把一些石头撬松动了,慢慢地打开了一个缺口。

当法恩挖洞的时候,尼禄忙着把扎在衣服上和肉里的蔷薇刺拔出来。他渴了,就去附近的一条水渠边,用手捧起水来喝。他一边喝,一边叹息道:"难道我的命运真的已经到了如此地步!"

与此同时,法恩继续挖洞,很快便成功地打开了一个足以供他们进出的洞口。然后,仆人们七手八脚,连推带拉,把尼禄从洞里拽进了院子。他们把他带进房子,藏在一个小而隐蔽的房间里。

尼禄在逃亡的路上极度恐惧,现在终于可以松口气了。但是,眼前的恐惧是消退了,取而代之的是更为可怕的悔恨与惊惧带来的折磨。他叫苦不迭,悲叹呻吟,不断地重

尼禄

复着这样的话语:"我的父亲、母亲、妻子判定了我的毁灭。"这句话事实上来自于他在舞台上常常表演的悲剧之一,但它如此真实地反映了他心中的悔恨与痛苦,以至于他不断地、机械地喃喃自语。法恩和其他带尼禄来到此地的仆人们,看到没法让他平静下来,他也没有逃脱死亡的希望,而且或许还希望能摆脱他,因为他现在已经成了他们沉重的负担,就建议尼禄自杀——正如他们说的那样,既然他必须死,那就死得像个爷们儿。后来,尼禄似乎接受了他们的建议。他说,他会如他们所愿自杀而亡。他们应该出去给他挖个坟墓,并准备柴火和热水,让他沐浴。吩咐完这些事情后,他还是不断地呻吟、叹息,似乎已经处于精神错乱的状态。

与此同时,天色渐亮。罗马城里,人们情绪激动,骚乱不断。元老院集会,宣布加尔巴为皇帝,并通过了一项法令,宣布尼禄为"国家公敌",并判处他以古代的方式接受惩罚。当这条消息一传出来,法恩的一个朋友给他写了封信告诉他元老院的决定,并派一名可靠的信使风驰电掣地前去送信。信使到了法恩的家,把信交给他。尼禄从法恩手中夺过信,一目十行地读完,焦急而惊恐地问道:"什么是古代的方式?"他们告诉他,就是将犯人扒光衣服,然后固定在颈手枷上,保持那个姿势,被鞭打而死。听到这话,尼禄又开始呻吟、悲叹。他说,他无法忍受这样的死刑,因此,如果他们给他一把匕首,他会立刻自杀。

第十三章 尼禄之死

尼禄手边有几把匕首,他拿起其中一把,用颤抖的手指检验刀刃是否锋利,似乎举棋不定,后来他又把匕首放下,说他的大限还没有到。现在,他又拿起一把匕首,再次尝试下定决心给自己一刀,但他又一次失去了勇气。他心烦意乱地呻吟着,满嘴胡言乱语。后来他甚至哀求和他一起逃出来的一个仆人,先用匕首自杀,以便鼓励尼禄,并让他明白死亡并不是一件多么可怕的事。但是,似乎没有一个仆人对主人有如此无私的献身精神,而愿意为他提供这样的服务。

正当他茫然不知所措、迟迟不愿自杀的时候,他听到门外人喊马嘶。尼禄再次大惊失色。他说道:"他们来抓我了。"他迅速抓起一把匕首,刺向自己的喉咙。他拼命地试图鼓足勇气,一刀致命,但他做不到。门口的叫喊声一阵紧似一阵,尼禄赶紧把匕首递给身边的一个仆人,求他杀了自己。那个仆人极不情愿地接过匕首,给了他致命的一击。尼禄倒在地上,伤势严重。

就在此时,门被打开,刚刚到来的士兵们冲了进来。他们奉元老院之命,前来搜查逃亡的尼禄,并把他带回罗马。率领这些士兵的百夫长走进房间,看着倒在地上的皇帝在血泊中挣扎。他接到命令,如果可能的话,要把尼禄活着带回罗马。因此,他命令士兵们蹲在奄奄一息的皇帝身边,试图给他的伤口止血,并救活他。但为时已晚。当他们靠近他的时候,尼禄用一种疯狂而可怕的表情瞪着他们，这让所有看到他的人都大吃一惊，在这可怕的痛苦中，他的身体慢慢停止了挣扎，终于断了气。

  暴君死亡的消息疾如旋风，很快传遍了大街小巷。一位信使立刻出发，去北边向加尔巴报告。人们从四面八方聚到法恩的房子里来，凝视着那具毫无生命的尸体，为这个魔头的死亡感到欢欣鼓舞。罗马市民们欢天喜地，拍手称快。他们头戴被解放的奴隶们刚刚获得自由时戴的那种帽子，在城里四处游荡，毁掉所有尼禄的塑像，用尽一切可能的方式表达他们翻身得解放的喜悦心情。

  与此同时，加尔巴正率领大军向罗马挺进，他选择适当的时机进入了罗马城。罗马各地的使节纷纷前来拜见他，并拥戴他为新的皇帝。此时，他正好七十三岁。看来，神谕对尼禄的警告，让他小心七十三，指的是他对手和敌人的年龄，而不是他自己的。

附录
专有名词英汉对照

尼禄	Nero
罗马	Rome
安提厄姆	Antium
台伯河	Tiber
瑟西	Circe
布瑞赞贝尔德	Brazenbeard
阿赫诺巴尔伯斯	Ahenobarbus
阿格里皮娜	Agrippina
卡里古拉	Caligula
奥古斯都·恺撒	Augustus Caesar
尤利乌斯·恺撒	Julius Caesar
禁卫军	Praetorian
罗马元老院	Roman Senate
参议院	Senate
罗马军团	Roman Legions
叙利亚	Syria

尼禄

意大利	Italy
莱茵河	Rhine
罗马人	Roman
欧洲人	European
欧洲	Europe
亚洲	Asia
庞培	Pompey
屋大维·恺撒	Octavius Caesar
造物主	Author
马里乌斯	Marius
西拉	Sylla
安东尼	Antony
圆形露天剧场	Amphitheater
丽维拉	Livilla
庞提亚岛	Pontia
卡西乌斯·彻瑞尔	Cassius Chaerea
普罗佩迪乌斯	Propedius
昆提莉娅	Quintilia
提米迪乌斯	Timidius
朱庇特神殿	Capitol
埃及	Egypt
亚历山大港	Alexandria
荷马	Homer
米努西阿努斯	Minucianus
克劳迪乌斯	Claudius
凯瑟妮娅	Caesonia
朱庇特	Jupiter
米瑟丽娜	Messalina

附录 专有名词英汉对照

奥克塔维娅	Octavia
埃普利乌斯	Epirius
西拉努斯	Silanus
纳西苏斯	Narcissus
卡伊乌斯·西利乌斯	Caius Silius
朱妮娅·西拉娜	Junia Silana
奥斯提亚	Ostia
方尖碑	Obelisk
凯尔波妮娅	Calpurnia
卡里斯图斯	Callistus
帕勒斯	Pallas
科里奥帕特拉	Cleopatra
巴克斯（酒神）	Bacchus
戈塔	Geta
卢卡鲁斯	Lucullus
布瑞塔尼库斯	Britannicus
维碧迪娅	Vibidia
勒佩达	Lepida
特洛伊比赛	Trojan game
托加	Toga
富森湖	Fucine Lake
亚平宁山脉	Appenines
鲁西乌斯·西拉努斯	Lucius Silanus
露卡丝达	Locusta
赛内加	Seneca
布鲁斯	Burrus
罗马广场	Roman Forum
哈鲁图斯	Halotus

尼禄

科西嘉岛	Corsica
阿克提	Acte
奥索	Otho
西奈西乌	Senecio
波利乌	Pollio
小亚细亚地区	Asia Minor
战神广场	Field of Mars
派瑞斯	Paris
波培娅	Poppaea
米塞努姆	Misenum
阿尼塞图斯	Anicetus
巴伊亚	Baiae
日耳曼	German
普劳图斯	Plautus
那不勒斯	Naples
阿瑟罗尼娅·珀拉	Aceronia Polla
尼阿波利斯	Neapolis
特洛伊	Troy
皮索	Piso
卢坎	Lucan
普劳提乌斯·拉特拉努斯	Plautius Lateranus
费尼乌斯·鲁福斯	Fenius Rufus
艾佩凯瑞丝	Epicharis
苏布瑞乌斯·福拉维乌斯	Subrius Flavius
普罗卡鲁斯	Proculus
塞维努斯	Scevinus
纳塔利斯	Natalis
密利楚斯	Milichus

坎帕尼亚	Campania
诺蒙特努姆	Nomentanum
西尔瓦努斯	Silvanus
鲍丽娜	Paulina
维斯提努斯	Vestinus
希腊	Greece
奥林匹克运动会	Olympic games
伯罗奔尼撒半岛	Peloponnesus
奥林匹亚平原	Olympian Plain
奥林匹亚	Olympia
伊利斯	Elis
希腊社会	Grecian world
亚得里亚海	Adriatic sea
科西拉岛	Corcyra
卡西欧沛	Cassiope
大力神赫拉克勒斯	Hercules
希伯尔波瑞安人	Hyperboreans
科林斯地峡	Isthmus of Corinth
爱奥尼亚	Ionian
爱琴海	Aegean seas
科林斯	Corinth
犹太俘虏	Jewish captives
赫利乌斯	Helius
特尔斐	Delphi
奥古斯都	Augustus
弗耐思库斯	Phonascus
毕苏斯	Bessus
迪都	Dido

尼禄

加尔巴	Galba
尤利乌斯·温代克斯	Julius Vindex
德意志	Germany
讲坛	Rostra
法恩	Phaon